ÉLOGE HISTORIQUE

DE LA

SŒUR MARGUERITE BOURGEOYS

ÉLOGE HISTORIQUE

DE

LA SŒUR

MARGUERITE

BOURGEOYS

FONDATRICE DE LA CONGRÉGATION DE VILLEMARIE

EN CANADA

NÉE A TROYES, LE 17 AVRIL 1620

Et décédée à Montréal, dans l'Amérique du Nord

Le 12 Janvier 1700,

Discours prononcé, en partie, le 3 août 1864, à l'Assemblée générale du Congrès scientifique, siégeant à Troyes.

DÉDIÉ A LA VILLE DE TROYES

PAR

L'ABBÉ SAUSSERET

Curé de Méry-sur-Seine, ci-devant de Dampierre de l'Aube,
Chanoine honoraire de Troyes,
Membre associé de la Société académique de l'Aube.

Tu honorificentia populi nostri.
Vous êtes l'honneur, la gloire de notre pays.
(JUDITH. XV. 10.)

TROYES

A LA LIBRAIRIE DE DUFEY-ROBERT, RUE NOTRE-DAME.

1864

PETIT PRÉAMBULE.

Nous étant décidé à suivre les conseils qui nous en ont été donnés par plusieurs personnes honorables, et à faire imprimer notre *Éloge historique de la Sœur Marguerite Bourgeoys*, nous croyons nécessaire de le faire précéder d'un petit préambule.

Et d'abord comment avons-nous connu la sœur Bourgeoys?

Le voici : Nous venions d'être, comme on le sait, chargé de faire l'*Histoire du Culte de la Sainte Vierge dans le Diocèse de Troyes*, lorsqu'un des membres les plus distingués de notre clergé nous dit : « N'oubliez pas, dans le travail que vous avez à faire, la sœur Margue-

rite Bourgeoys. — Qu'est-ce que la sœur Bourgeoys, demandâmes-nous? — « La sœur Bour-
« geoys, nous fut-il répondu, est une Troyenne
« qui, dans le xviie siècle, alla porter en Canada
« la foi et l'instruction, et qui dut spécialement
« cette vocation à la Sainte Vierge, dont elle
« fut toute sa vie une servante dévouée et une
« parfaite imitatrice. *La vie de la sœur Bour-*
« *geoys* a été déjà écrite par trois auteurs,
« dont le dernier est M. l'abbé Faillon, un
« des prêtres les plus savants de la Congréga-
« tion de Saint-Sulpice. »

L'honorable ecclésiastique qui nous donnait
ces renseignements avait cette *Vie*. Il voulut
bien nous la prêter. Nous la lûmes, et jamais
livre ne nous intéressa autant que celui-là.
Comment, nous écriâmes-nous souvent en faisant cette lecture, comment une telle femme
est-elle inconnue à Troyes? Comment son nom
n'est-il pas dans toutes les bouches et sa *Vie*
dans toutes les bibliothèques? — Et sur-le-
champ nous résolûmes de la faire connaître
dans la ville qui lui a donné le jour.

De là l'*Éloge historique* que nous avons
composé pour le *Congrès scientifique* siégeant

à Troyes. Nous ne pouvions pas trouver une plus belle occasion, une circonstance plus solennelle pour glorifier cette héroïne en présence de ses concitoyens. Et nous avons tenu à en profiter.

Mais comme notre *Éloge* était trop long pour être lu tout entier dans cette assemblée qui devait son temps à bien d'autres matières, nous n'avons pu en lire que quelques fragments qui sont loin de suffire pour donner une idée juste et complète de la généreuse bienfaitrice du Canada.

Nous nous sommes donc déterminé à le publier tout entier.

Nous avons, comme on le verra, omis dans notre *Éloge* tout ce qui concerne la dévotion de la sœur Marguerite Bourgeoys à l'égard de la Mère de Dieu, parce que nous en avons fait le sujet d'un chapitre spécial dans notre *Album de la Sainte Vierge.*

Nous avons également passé sous silence un très-grand nombre de particularités de la vie de notre héroïne, parce que ce n'était pas son *histoire* que nous faisions, mais seulement un *discours sur son histoire.*

Pour bien comprendre cette histoire et ce discours, il est bon de se rappeler que la conquête du Canada par les Français eut lieu dans les premières années du XVII° siècle.

Mais alors surtout *nous ne savions pas coloniser*.

Le gouvernement, aussitôt la conquête, avait abandonné cette conquête à des compagnies de commerce sous la condition d'y former des établissements de nature à nous la conserver et à nous la rendre utile.

Mais longtemps après que le roi en eut fait la cession à ces compagnies, elles n'y avaient encore rien fait. Pas un seul arpent de terre n'avait été défriché ; et, quoi que ces compagnies eussent eu à leur tête des princes du sang qui, par leur crédit et leurs richesses, auraient pu y procurer la fondation d'une colonie, le pays était resté sans habitants et la terre sans culture.

En 1641, lorsque arrivèrent les premiers colons pour l'île de Montréal, on comptait à peine dans les petits établissements français formés en Canada, deux cents européens en tout, y compris les femmes, les enfants et même les religieuses arrivées depuis peu à Québec[1]; encore y manquaient-ils souvent du nécessaire, et plus d'une fois ils se virent exposés à périr de misère et de faim ou à être la proie des sauvages.

On voit, dans le corps de ce discours, qu'à un moment donné la colonie avait à peine dix-sept hommes pour la défendre.

Cependant le vénérable M. Olier, supérieur de la Congrégation de Saint-Sulpice, et M. Le Royer de la Dauversière, gentilhomme angevin, receveur des tailles à La Flèche, et homme éminemment chrétien, conçurent le projet d'une compagnie formée dans le seul but de la gloire de Dieu et du salut des âmes et *non pas pour rapporter seulement de ces pays inconnus des castors et des pelleteries*[2].

En conséquence, ils décidèrent d'établir une colonie dans l'île même de Montréal, c'est-à-dire dans le lieu le plus exposé à la fureur des Iroquois, à qui déjà les Hollandais

---

1 Bibliothèque Mazarine : *Histoire du Montréal*, par M. Dollier de Casson, depuis 1640 jusqu'en 1641.

2 *Les véritables Motifs de MM. et Dames de la Société de Montréal*, in-4°, 1643, page 72.

fournissaient des armes à feu dont ces barbares se servaient pour faire aux Français une guerre cruelle.

Ils résolurent aussi de bâtir dans cette île, sous le nom de Villemarie, une forte et puissante ville qui serait le rempart et la citadelle de l'île, et ils s'engagèrent en outre à établir dans cette ville une communauté nombreuse d'ecclésiastiques, une d'hospitalières et une autre pour l'éducation des filles.

M. Olier envoya pour cela des prêtres de sa communauté, et M. de la Dauversière des sœurs hospitalières, dont la première fut Mlle Jeanne Mance, de Langres.

La sœur Bourgeoys fut choisie d'en haut pour fonder la communauté d'institutrices auxquelles incomberait l'éducation des filles.

Disons ici que cette compagnie de Montréal avait, aussitôt formée, acheté la propriété de cette île d'un M. Lauzon, à qui la grande compagnie du Canada l'avait cédée.

Le premier départ, sous la conduite de M. Chomedey de Maisonneuve, eut lieu à la fin de 1641, et la petite colonie débarqua à Montréal le 17 mai 1642.

Ce fut, comme on le verra dans cet *Éloge*, en 1653, que la sœur Bourgeoys s'embarqua pour Montréal où Dieu l'appelait et où elle devait s'élever à la perfection des plus grandes saintes qu'il ait données à son Église.

Puisse ce petit travail, en la faisant connaître, la faire aimer et admirer, et en la faisant aimer et admirer, la faire imiter surtout par les filles et les femmes de cette ville dont elle est la gloire, *tu gloria Jerusalem*[1]! oui, qu'elle soit leur modèle à toutes, et que toutes la reproduisent et la reflètent dans leurs mœurs, *sit exemplum virtutis*[2]!

1 Judith, XV, 20
2 Ruth, IV, 3.

ÉLOGE HISTORIQUE

DE LA

SŒUR MARGUERITE BOURGEOYS

FONDATRICE DE LA CONGRÉGATION DE NOTRE-DAME-
DE-VILLEMARIE, EN CANADA.

Tu honorificentia populi nostri.
Vous êtes l'honneur, la gloire de notre pays.
(Judith. XV, 10.)

Messieurs et honorés Collègues de la Société
académique de l'Aube,

Vous avez eu une bien bonne pensée, une inspiration bien heureuse, lorsque, pour fêter plus
dignement le concours empressé des étrangers
illustres que l'amour de la science amène en ces
jours dans nos murs, vous avez eu l'idée, si cha-
leureusement secondée et par notre digne Évêque
et par ces deux hauts fonctionnaires qui adminis-

trent si bien l'un le département et l'autre la cité, de réunir, de rassembler en deux endroits de notre ville chef-lieu, tous les trésors artistiques, sacrés ou profanes, que le passé nous a légués, et au moyen desquels notre cité troyenne est aujourd'hui, pour parler encore comme l'Écriture, semblable à une épouse parée de tous ses joyaux et de tous ses ornements, *quasi sponsa ornata monilibus suis* [1]. Vous avez eu une bien bonne pensée, une inspiration bien heureuse, lorsque vous avez appelé de toutes les villes et de tous les villages de notre département les objets rares et précieux, les tableaux sur toile, sur bois, sur cuivre, les bas-reliefs en marbre, en pierre, en bois, les émaux, les ivoires, les vases anciens, les bronzes antiques, les croix, les châsses, les dyptiques et toutes les richesses que les arts ont enfantées parmi nous et qui ont surnagé à nos tempêtes politiques et échappé à l'action destructive des siècles, à l'incurie de l'ignorance et aux perquisitions avides et spoliatrices de ceux qui, ne pouvant pas créer, sont assez riches pour acheter et pour dépouiller les·pays producteurs en n'y laissant en échange que leurs schillings et leurs banknotes.

Mais, Messieurs, si j'applaudis de tout mon cœur à cette exposition des merveilles que l'art

[1] Is. LXI, 10.

et l'intelligence de l'homme ont créées parmi nous, si je suis heureux et fier d'entendre les éloges que nos hôtes bien aimés donnent à une province si injurieusement désignée et dont le luxe artistique les étonne aujourd'hui, permettez-moi de détourner un instant l'attention de vos esprits et des questions scientifiques qui doivent les occuper, et de l'admiration de nos chefs-d'œuvre d'art ou de nos plus belles fleurs [1], pour appeler cette attention sur une des gloires les plus pures de Troyes, sur une femme à laquelle il n'a manqué que de vivre du temps de sainte Màthie ou avant elle pour avoir des autels à côté de ceux de cette sainte justement chère aux Troyens. Admirons, Messieurs, admirons les ouvrages remarquables de l'homme, personne n'a pour eux plus d'enthousiasme que moi. Mais, Messieurs, les grandes âmes, les beaux caractères, les nobles cœurs, les hommes et les femmes d'élite sont les chefs-d'œuvre de Dieu, les chefs-d'œuvre du Très-Haut, *vas admirabile, opus Excelsi*. Admirons-les encore plus que les œuvres de l'homme, *vas admirabile, opus Excelsi* [2].

Or, Messieurs, comme l'on a récemment exhumé de leurs tombes et ravivé le souvenir, la mé-

---

1 Allusion à l'exposition des produits d'horticulture, organisée dans le jardin du musée *Saint-Loup*.

2 *Eccli.* XLIII, 2.

moire de trois de nos Évêques, ensevelis depuis des siècles sous les dalles et les voûtes de notre cathédrale, ainsi je viens, pour ainsi dire, exhumer ou du moins mettre au grand jour de la publicité une femme presque inconnue — je le dis à regret — dans son pays natal, une femme que le grand roi Louis XIV comblait d'éloges, une femme que Colbert, le grand ministre admirait et patronait, une femme qui porta la foi, l'instruction et la civilisation jusque dans le Canada, une femme avec laquelle les Olier et les Tronson, ces éminents Sulpiciens, étaient en correspondance; une femme qui, sortie des rangs du peuple, marcha certainement l'égale des dame Legras, des Françoise de Chantal et des Marie de Miramion, une femme enfin à laquelle nous pouvons justement dire, comme les juifs de Béthulie à une autre héroïne : Vous êtes l'honneur, la gloire de notre pays, *tu honorificentia populi nostri*.

Je veux vous parler, Messieurs, de la sœur Marguerite Bourgeoys.

Elle naquit à Troyes, le jour du Vendredi Saint, 17 avril 1620, et elle fut baptisée le même jour, dans l'église *Saint-Jean* de cette ville.

Sans être pauvre, sa famille n'était pas non plus de celles que l'on appelle riches.

La famille de sœur Bourgeoys n'est pas éteinte à Troyes, et elle y a encore d'honorables représentants.

Son père était un honnête marchand, et sa mère, Guillemette Garnier, était la femme accomplie dont le Sage a fait le portrait au livre des *Proverbes*.

Ils eurent cinq enfants. Marguerite fut la troisième.

Sa vocation se révéla dès l'âge le plus tendre. Dieu manifesta de bonne heure, par les goûts qu'il lui inspira, le genre de bien qu'elle était destinée à opérer. — « Dès ma petite jeunesse, écrivait-« elle elle-même, à l'âge de 78 ans, dès ma petite « jeunesse, Dieu m'avait donné une inclination « particulière pour assembler des petites filles de « mon âge dans le dessein de demeurer ensemble « et de travailler en quelque lieu écarté pour « gagner notre vie; car je n'avais point connu « encore de communauté de filles qui eût pu faire « naître en moi cette idée, mais seulement quel-« ques filles qui vivaient ensemble. Nous accom-« modions cela comme pouvaient le faire des en-« fants [1]. »

Ainsi parle la sœur Bourgeoys, ainsi nous initie-t-elle aux goûts et aux habitudes de sa première enfance. Car, remarquez-le, Messieurs, la sœur Bourgeoys a fait sa propre histoire ; elle a laissé des *Mémoires* que ses trois historiens n'ont presque fait que reproduire. Et ces *Mémoires,* Messieurs, comme vous vous en convaincrez dans

[1] *Ecrits autographes de la sœur Bourgeoys.*

la suite de ce discours, sont remarquables de diction. Le style en est pur et correct, élégant et parfois plein de naïveté. A une époque où les grandes dames et les princesses de la cour ne savaient pas l'orthographe, la sœur Bourgeoys écrivait parfaitement sa langue. Il n'y avait pas jusqu'à son écriture, dont nous avons un spécimen, qui ne fût admirable.

Nous ne nous étonnons pas qu'un de ses historiens dise d'elle que : « dès son enfance, elle se distingua de ses petites compagnes par sa facilité à lire et à écrire, par son amour pour le travail, son adresse pour les ouvrages qu'on lui donnait à faire, mais spécialement par les dispositions singulières qu'elle annonçait pour la piété, la vertu et la science [1]. »

Mais la mort de sa mère qui arriva peu de temps après, ne tarda pas à l'obliger à exercer sérieusement les fonctions d'institutrice auxquelles elle avait préludé en s'amusant. Son père, qui voyait en elle une gravité et une prudence de beaucoup supérieures à son âge, accompagnées d'une grande piété, lui confia l'éducation de ses deux plus jeunes enfants et la chargea encore du détail et du soin du ménage.

---

1 M. l'abbé Faillon. *Mémoires particuliers pour servir à l'histoire de l'église de l'Amérique du Nord*, tom 1er. Vie de la sœur Bourgeoys, fondatrice de la Congrégation de Notre-Dame à Villemarie, en Canada, p. 2.

Cependant les religieuses de la Congrégation de Notre-Dame, du B. Pierre Fourrier, particulièrement vouées à la sanctification des jeunes filles et établies à Troyes, en 1628, sous l'épiscopat si fécond de Monseigneur René de Breslay, avaient donné commencement à leur Congrégation externe. C'était une pieuse association de jeunes personnes qui, sans contracter aucun engagement de conscience, s'assemblaient les jours de fêtes et de dimanches pour vaquer à certaines pratiques de religion, et s'employaient quelquefois à exercer diverses fonctions de charité et de zèle à l'égard du prochain.

Ces vertueuses filles connurent, estimèrent et aimèrent Marguerite, et elles firent tous leurs efforts pour l'attirer à elles, persuadées que son exemple et son influence détermineraient un grand nombre de jeunes personnes à entrer à leur tour dans la Congrégation. Elles l'invitèrent donc, elles la pressèrent et firent tout ce qu'elles purent pour la gagner. Mais Marguerite refusa, et ce refus dura plusieurs années.

Mais celui qui convertit et terrassa saint Paul sur le chemin de Damas avait son jour, son heure, son lieu pour triompher des résistances de Marguerite.

Le premier dimanche d'octobre 1640 (Marguerite avait alors vingt ans et demi), le premier dimanche d'octobre 1640, jour où les Dominicains, appelés à Troyes *Jacobins,* faisaient la fête du Saint·

Rosaire, Marguerite eut la dévotion d'assister à la procession qui se faisait ce jour-là. Comme elle était dans les rangs, la procession vint à passer, selon l'usage, devant le portail de l'abbaye des religieuses de *Notre-Dame-aux-Nonnains* dont le monastère était, comme vous le savez, Messieurs, contigu au couvent des religieux de Saint-Dominique. Sur ce portail, connu dans les anciennes chroniques sous le nom de *Beau-Portail,* se trouvait une statue de pierre qui représentait la Mère de Dieu. Marguerite l'avait sans doute déjà considérée bien des fois ; mais, ce jour-là, arrivée devant le portail, elle lève les yeux pour regarder la statue. Cette statue lui parait d'une beauté ravissante et toute céleste.... Que se passa-t-il alors en elle ? Elle-même nous l'apprend : « Je me trouvai, « dit-elle, je me trouvai alors si touchée et si « changée, que je ne me reconnaissais pas. » Plus loin elle ajoute · « Après la touche que j'avais « eue à la vue de cette sainte image, je retournai « à la maison si touchée et si changée que cela « paraissait à tous · chacun sachant bien que jus- « qu'alors j'avais été fort légère (c'est-à-dire gaie, « enjouée et folàtre), et la bien venue avec les « autres filles. Mais, dès ce moment, je quittai « tous mes petits amusements et me retirai d'avec « le monde pour me donner au service de Dieu [1]. »

---

1 Ecrits autographes de la sœur Bourgeoys. *Mémoires*, t. I, p. 8.

A dater de ce jour, elle ne voulut plus porter et ne porta plus, en effet, dans la suite, que des vêtements très-simples, de couleur brune ou noire, sans soies ni autres ornements superflus, et elle se voua dès lors avec une ferveur toujours plus grande aux humiliations dont nous verrons que cette âme héroïque fut insatiable toute sa vie.

Ce fut alors qu'elle entra dans la Société des Congréganistes externes ; et, dès son entrée, la sœur Marguerite fut le modèle de toutes les autres. Elle était partout où il y avait quelque action de dévouement à pratiquer, quelque bonne œuvre à faire.

Aussi, à la première élection qui eut lieu après son entrée dans la Congrégation, elle fut choisie pour occuper la charge principale, celle de préfète ; et, ce qui avait été jusqu'alors sans exemple, elle fut continuée toujours dans cette même charge jusqu'à son départ pour la Nouvelle-France.

Nous venons de dire, Messieurs, que l'héroïque sœur Bourgeoys fut toute sa vie avide d'humiliations. Et chacun de nous sait par sa propre expérience combien il en coûte pour supporter une humiliation, et quelle force il faut pour cela. La sœur Bourgeoys, loin de fuir comme nous, hommes de peu de courage, les humiliations, les rechercha, et elle en subit deux qui auraient abattu une âme moins fortement trempée.

Elle demanda à entrer chez les Carmélites et elle fut refusée ; chez les Clarisses, nouveau refus. « *L'homme s'agite, et Dieu le mène,* » a dit un personnage célèbre [1].

Dieu voulait ailleurs la sœur Bourgeoys.

Cependant repoussée, pour ainsi dire, des cloîtres, elle résolut, tout en restant dans le monde et malgré ses dangers, ses ennemis et ses assauts de tout genre, elle résolut de s'attacher au service de Dieu par les trois grands vœux perpétuels de chasteté, de pauvreté et d'obéissance, vœux qui ne demandent rien moins que le rempart de la clôture. A vingt-trois ans elle prononça celui de chasteté. Peu après elle s'engagea par celui de pauvreté.

Mais les desseins de Dieu sur la sœur Marguerite se révélèrent enfin. Le guide de sa conscience conçut le projet d'un nouvel institut dont elle serait la fondatrice et dont l'instruction et le salut des jeunes filles serait l'objet.

Le père de Marguerite consentit au sacrifice de sa fille. Deux autres vertueuses filles s'associèrent à elle, et ainsi furent jetées les bases de cette institution nouvelle née à Troyes, comme on le voit, et dont les trois premières associées furent des troyennes.

Protéger la vertu des filles sages et honnêtes

---

1 M. Guizot après Fénelon.

qui étaient le plus exposées était un des principaux buts de cette institution ; et l'admirable sœur Bourgeoys déploya dans l'exercice de ce ministère de charité une sagesse et une adresse vraiment étonnantes, et parfois même un zèle et un courage magnanimes.

En voici un trait.

Un jour deux jeunes libertins entraînaient de force une fille honnête. La sœur Marguerite les voit passer, elle saisit un crucifix, sort dans la rue et court après les ravisseurs, qu'elle atteint. « Arrê- « tez, leur dit-elle, et laissez à cette fille son « honneur. » Pour toute réponse, un des deux dirige vers elle un pistolet chargé. « Tirez, lui dit- « elle, mais sachez que c'est Jésus-Christ même « que vous outragez dans ses membres, et tôt ou « tard il se vengera de votre sacrilége. » Les deux libertins s'enfuirent ; la jeune fille leur échappa et elle alla avec transport se jeter dans les bras de sa libératrice. C'était, dit-on, Mlle Crolo qui s'attacha dès lors à la sœur Marguerite, et la suivit plus tard en Canada.

Mais hâtons-nous.

Une des deux compagnes de la sœur étant venue à mourir et l'autre s'étant retirée, l'institut essayé par Marguerite s'écroula.

Une autre épreuve lui fut imposée dans ce même temps : elle perdit son père; et, après l'avoir assisté pendant sa maladie et à sa mort, elle eut encore le courage de l'ensevelir, ne voulant pas qu'une autre qu'elle lui rendit ce dernier service ; et cette bonne œuvre d'ensevelir les morts, cette œuvre qui répugne tant à notre nature, elle l'exerça dès lors le reste sa vie quand l'occasion s'en présenta.

Tant qu'il vécut, Abraham Bourgeoys fut un lien qui attachait sa fille au sol natal. Ce cher et doux lien étant rompu par la mort, nous allons voir Marguerite se préparer à sa grande et périlleuse mission.

Un gentilhomme champenois, M. Paul de Chomedey de Maisonneuve, venait d'être chargé par la compagnie de Montréal de présider à la fondation de Villemarie. Il vint de son château ou de Paris à Troyes avant l'embarquement pour prendre congé de sa famille.

Il avait ici une sœur, religieuse de la Congrégation, Mme de Chomedey, connue en religion sous le nom de sœur Louise de Sainte-Marie.

Cette sœur, ayant appris de la bouche de son propre frère sa nomination à la charge importante de gouverneur de la nouvelle colonie, crut que la Providence avait ménagé un si heureux événement pour lui donner à elle-même l'occasion d'aller à Villemarie exercer son zèle en faveur des sauvages de ces pays. Elle le pria donc de l'emmener elle-même, et avec elle trois ou quatre religieuses de la Congrégation ; et toutes les autres religieuses de cette communauté, entrant dans les mêmes sentiments, lui firent la même demande.

Admirons, Messieurs, admirons quel zèle d'apôtre et de martyr, embrasait toutes ces saintes filles de la cité troyenne.

M. de Maisonneuve ne pouvait, par des raisons qu'il donna, se rendre à ces instances, et il y résista.

Depuis 1641, il revint plusieurs fois de Montréal à Troyes, et, à chaque fois qu'il y revenait, nos religieuses de Troyes qui brûlaient, comme autrefois sainte Thérèse, encore enfant, du désir d'aller prêcher la foi aux infidèles et de verser leur sang en témoignage de cette foi, renouvelèrent leurs demandes à l'intendant de Villemarie qui toujours les rejetait, la situation de Montréal étant alors une vraie boucherie par les guerres cruelles et continuelles qu'il fallait soutenir contre les Iroquois.

Mais la cause secrète de ces refus opiniâtres, cause qu'ignorait M. de Maisonneuve lui-même, c'est que Dieu avait fait un autre choix et qu'il avait d'autres vues.

En effet, Marguerite avait appris qu'on venait de faire en Canada un nouvel établissement; une des congréganistes qui avait un grand désir d'aller dans cette colonie et qui espérait y aller, vint lui dire de s'adjoindre aux religieuses qui iraient dans cette terre infidèle. Marguerite alla aussitôt trouver la supérieure de la Congrégation, Mlle de Chomedey, sœur, comme nous l'avons dit, de M. de Maisonneuve. Cette dame consentit de grand cœur à la demande de Marguerite. Les autres religieuses ignorant sans doute la réponse de la sœur Louise de Sainte-Marie et espérant elles-mêmes pouvoir aller à Montréal, proposèrent à la sœur Bourgeoys de les accompagner. « Ces bonnes religieuses, « dit-elle, me demandèrent si je voulais être de « la partie quand elles iraient à Montréal, je leur « promis qu'oui et que je serais de la bande[1]. »

Cependant les Iroquois qui avaient tué ou dispersé près de trente mille Hurons, harcelaient notre colonie qui ne comptait pas plus de dix-sept hommes en état de se défendre et qui était obligée de rester enfermée dans l'intérieur du fort.

Cette situation critique obligea le gouverneur de Montréal de repasser en France pour y lever une recrue. Il engagea cent huit hommes forts et vigoureux, sachant manier les armes et habiles à travailler de divers métiers.

Mais avant de les emmener, M. de Maisonneuve voulut, selon son habitude, venir à Troyes voir sa famille et ses amis et embrasser sa sœur.

Peu de jours avant son arrivée, Marguerite eut un songe comme saint Paul en eut un où il lui fut ordonné d'aller en Macédoine, comme saint Fran-

1 Ecrits autographes, etc. Mémoires, etc., p. 30.

çois-Xavier connut également par un songe qu'il
était appelé à évangéliser les Indes.

De même la sœur Marguerite appelée à travailler
dans les pays barbares à la gloire de Dieu, vit
pendant son sommeil un homme grave et vénérable qu'elle n'avait jamais vu.

A quelques jours de là, M. de Maisonneuve
arrive à Troyes, va voir sa sœur et les autres religieuses de la Congrégation externe qui lui demandent encore de les emmener à Villemarie.

Nouveau refus de la part de M. de Maisonneuve.

Cependant la supérieure, Mme Louise de Sainte-
Marie, lui parla de la sœur Bourgeoys, préfète de
sa Congrégation externe, et lui en dit tant de bien
que M. de Maisonneuve désira la connaître et pria
sa sœur de la faire appeler.

La sœur Marguerite arrive ; et à peine est-elle
entrée dans le parloir que, jetant les yeux sur
M. de Maisonneuve, elle reconnaît en lui le personnage qu'elle avait vu en songe et qu'elle voyait
de ses yeux pour la première fois, bien qu'elle fût
logée chez Mme de Chuly, sœur de M. de Maisonneuve. En le voyant, elle s'écria : « Voilà l'homme
« de mon songe ! » On lui demande d'expliquer
cette exclamation. Elle le fait. Et de son côté
M. de Maisonneuve ne l'a pas plutôt vue et en-
tendue parler qu'il se sent le désir de l'emmener
à Montréal. Il lui demande donc si elle serait dis-
posée à passer à Villemarie pour y faire les écoles

et y instruire les enfants. Sur sa réponse affirmative, son départ fut décidé. Mais il fut décidé en même temps qu'elle partirait seule, la compagnie de Montréal ne voulant pour les écoles que des filles séculières et non cloîtrées qui pussent se transporter partout où besoin serait, et une seule maîtresse suffisant, pour le moment, à l'instruction des jeunes filles de Montréal.

Ceci se passait, Messieurs, sous l'épiscopat de Monseigneur François Malier de la Houssaye dont le nom vient d'être remué avec les cendres et dont M. l'abbé Coffinet nous a parlé en termes si élogieux[1].

Toutes les personnes que la sœur Bourgeoys consulta alors approuvèrent sa résolution.

Mais il ne s'agissait de rien moins pour elle que de s'en aller à trente-trois ans, à deux mille lieues, seule de femme, avec cent huit soldats et un chef qu'elle connaissait à peine, et de partir pour une contrée où elle n'aurait aucune compagne qui partageât avec elle les travaux de l'éducation des enfants et où elle courrait tous les jours le risque, assez peu rassurant, d'être prise et brûlée par les Iroquois.

Outre donc les approbations que les personnes graves et sérieuses qu'elle avait consultées don-

1 Dans son *Rapport* lu le 15 juillet à la réunion de la Société académique de l'Aube sur les fouilles et découvertes faites dans le chœur de la cathédrale.

naient à sa résolution, elle désirait, sans le demander, elle désirait que le Ciel lui révélât sa
volonté d'une manière incontestable. Dieu ne lui
refusa point cette satisfaction.

Comme elle était dans sa chambre, occupée de
tout autre chose que de son voyage « un matin,
« étant bien éveillée, dit-elle elle-même, je vois
« devant moi une grande dame vêtue d'une robe
« comme de serge blanche qui me dit : va, je ne
« t'abandonnerai point, » et je connus que c'était
« la Sainte Vierge, quoique je ne visse point son
« visage ; ce qui me rassura pour ce voyage et me
« donna beaucoup de courage ; et même je ne
« trouvai plus rien de difficile, quoique pourtant
« je craignisse les illusions[1] »

Vous le voyez, Messieurs, notre admirable héroïne n'était pas femme à prendre les jeux et les
fantômes de l'imagination pour des réalités. Elle
n'était pas un de ces esprits faibles, un de ces cer-
veaux creux qui sont le jouet de l'erreur. Sachant
par un effet de sa rare sagesse et de sa prudence
consommée que Dieu conduit ses enfants par les
règles communes de la foi et non par les voies
extraordinaires : « après cette apparition, dit-elle,
« comme je craignais les illusions, je pensai que
« si cela était de Dieu, je n'avais que faire de rien
« porter pour mon voyage. Je dis en moi-même :

---

1 Ecrits autographes. etc.; Mémoire, etc., tom. I, p. 40.

« si c'est la volonté de Dieu que j'aille à Ville-
« marie, je n'ai besoin d'aucune chose et je partis
« sans denier ni maille, n'ayant qu'un petit pa-
« quet que je pouvais porter sous mon bras[1]. »

Quelle confiance en Dieu ! quel détachement héroïque ! et ne faut-il pas, Messieurs, remonter
jusqu'aux temps apostoliques pour trouver l'exemple d'un pareil abandon aux soins de la Providence ? Au lieu de faire des provisions d'argent et
de hardes, si nécessaires alors dans un pays qui
ne fournissait rien encore et où il fallait apporter
d'Europe les choses les plus indispensables à la
vie, notre admirable sœur se dépouille, au contraire, de tout ce qu'elle a et distribue même aux
pauvres le peu d'argent qu'elle possède, ne voulant avoir pour tout bien que son immense confiance en Dieu.

Rappelant elle-même, dans un âge avancé, cette
circonstance de son départ, elle disait encore :
« Je n'apportai pas un denier pour mon voyage[1]. »

N'est-ce pas, Messieurs, le cas de s'écrier ici
comme le Sauveur à la Chananéenne : ô femme,
que votre foi est grande, *ô mulier, magna est fides
tua !*

Ce fut dans cette disposition d'esprit et dans ce
dénûment complet que cette sainte fille partit de
Troyes pour Paris avec Mme de Chuly, sœur de

---

1 Ecrits autographes, etc ; Mémoires, etc., p. 42.

M. de Maisonneuve et avec M. Cossard, son oncle. C'était au commencement du mois de février 1653.

Jusque-là la sœur Bourgeoys avait gardé le secret de son voyage pour Paris et de Paris pour Montréal.

Dès qu'elle l'eût révélé, toutes les personnes de sa connaissance à Troyes et à Paris le désapprouvèrent, et bientôt elle se vit accablée d'une multitude de lettres capables d'ébranler son courage, si elle n'eût été fortement résolue à n'écouter que la voix de Dieu. Son oncle surtout et Mme de Chuly mirent tout en œuvre pour la faire revenir de sa résolution. Mais tout fut inutile. On lui proposa même d'entrer chez les Carmélites avec promesse de lui ouvrir quelqu'une de leurs maisons. Mais rien ne put la faire changer, et comme nos Croisés, partant pour la Terre Sainte : « Dieu le veut, » répondit-elle, et elle partit de Paris pour Orléans « ayant, dit-elle, quinze écus blancs, pour mener « toutes les hardes de M. de Maisonneuve et quel- « ques autres emplètes que j'avais eu à faire par « commission. »

Des épreuves, Messieurs, des épreuves difficiles et cruelles attendaient notre héroïne dans ce voyage.

Elle-même va nous les raconter.

Comme dans la voiture publique où elle était montée, elle n'était connue de personne, comme elle y était venue seule avec son petit paquet et sous un costume très-simple, on la regarda d'abord comme une fille de bas étage et bientôt comme une personne suspecte qu'on ne devait recevoir qu'avec défiance et précaution dans une honnête compagnie.

Aussi, de Paris à Nantes eût-elle à essuyer les plus dures humiliations.

« Au voyage d'Orléans, écrit-elle, en une hôtel-
« lerie où il n'y avait que des hommes logés, la
« dame de la maison, qui était fort âgée, refusa
« de me recevoir ; et comme tous ces hommes
« me disaient plusieurs paroles fàcheuses, je ne
« pouvais m'écarter du cocher. Mais il se trouva
« un monsieur habillé de noir qui prit mon parti ;
« et cette femme me permit de passer la nuit sur
« son lit où je me couchai tout habillée.

« En un autre gîte, on refusa aussi de me lo-
« ger. Il y avait cependant encore quelques cham-
« bres et trois lits pour des personnes qui pou-
« vaient payer. Je m'offris à payer et à passer la
« nuit auprès du feu, mais cela ne me fut pas
« accordé. Cependant un charretier ayant prié de
« me loger, disant qu'il était de mon pays et qu'il
« paierait tout, on me conduit dans une chambre
« éloignée. Je ferme la porte, et la barricade de
« tout ce que je puis trouver, et, tout habillée, je
« me mets sur un lit. Quelque temps après, on
« frappe à la porte, on tâche de l'ouvrir, on ap-
« pelle. Après toutes ces importunités, je m'ap-

« proche de la porte, pour voir si elle était bien
« fermée ; et je parlai à cette homme comme si
« j'usse été une personne de grande considéra-
« tion, lui disant que je ferais mes plaintes et que
« je saurais bien le trouver. Enfin il se retira ;
« mais j'entendis bien du bruit autour de ma
« chambre. Le lendemain matin, je levai la ta-
« pisserie, et alors une porte ouverte qui se trou-
« vait là et un tas d'hommes qui dormaient, cou-
« chés sur la place, après avoir fait débauche,
« m'avertirent (du danger dont Dieu m'avait pré-
« servée durant cette nuit). On disait que depuis
« la guerre tous ces gens étaient méchants et fu-
« rieux [1]. »

Dans le bateau qui la transporta d'Orléans à
Nantes, il se trouva douze ou treize passagers
parmi lesquels il n'y avait qu'une seule femme et
son enfant. Et tel fut l'ascendant qu'elle prit sur
tous ses compagnons de voyage, que, pendant
toute la route, on pria Dieu sur ce bateau comme
on eut pu le faire dans une communauté fervente.

A Saumur, on mit pied à terre pour coucher
dans cette ville. Une nouvelle humiliation y était
préparée à notre sainte compatriote. Comme on la
vit débarquer avec une troupe d'hommes, c'en fut
assez pour faire naître des soupçons sur sa vertu,

---

1 Ecrits autographes de la sœur Bourgeoys. *Mémoires*, etc.,
page 52.

et malgré les bons exemples qu'elle n'avait cessé de donner pendant toute la route, elle fut exposée à un affront semblable à celui qu'elle avait essuyé deux fois dans le voyage de Paris à Orléans. On refusa de la loger à l'hôtellerie sans que ceux de sa compagnie parussent prendre beaucoup de part à son humiliation. Elle accepta ce nouveau refus non pas seulement avec soumission et résignation, mais avec reconnaissauce pour Dieu qu'elle en remercia.

Cependant un habitant de la ville, homme honnête et charitable, frappé de son maintien grave et modeste, lui offrit le couvert qu'elle ne crut pas devoir refuser dans cette nécessité.

Le lendemain, on se remit en route, et, après quelques jours, on arriva à Nantes.

Là encore l'attendait un affront du genre de ceux que nous venons de raconter.

Parmi les passagers qui étaient descendus sur la Loire avec elle, était un jeune homme destiné pour le Canada et qui allait à Nantes attendre M. de Maisonneuve pour s'engager à son service. En débarquaut dans cette ville, ce jeune homme plein d'estime pour notre sœur, voulut absolument se charger de son paquet, ce qu'elle ne permit qu'à regret et par pure complaisance. Accompagnée de ce jeune homme, elle se dirige vers la maison d'un négociant de Nantes chez lequel elle devait attendre M. de Maisonneuve. Elle

y arrive avec ce jeune homme en l'absence du négociant. Son épouse la voyant suivie de ce jeune
homme, qui portait son paquet, la jugea défavo-
rablement et refusa absolument de la recevoir.
Sans être déconcertée par un procédé si peu atten-
du, la sœur Bourgeoys se retire dans une église
voisine... puis elle retourne chez M. Lecoq. C'était
le nom du correspondant nantais de M. de Maisonneuve. Mme Lecoq lui fait subir un nouvel
affront, car elle ne craignit pas, cette fois, de lui
reprocher en face d'être avec un jeune homme.
Cependant M. Lecoq arriva. La sœur Bourgeoys lui
remit sa lettre, et, après lecture faite, on lui fit
des excuses. Elle entra et fut traitée avec tous les
égards possibles.

Ici, Messieurs, je passe sous silence des peines
d'esprit cruelles que notre chère compatriote eût
à éprouver à Nantes pendant le temps qu'elle y
resta. Ces peines secrètes, inconnues du grand
nombre, n'en sont pas moins poignantes et dignes
de pitié. Mais Dieu qui avait voulu la purifier par
là, mit fin lui-même à cette épreuve, et elle en
était délivrée quand eut lieu l'embarquement, le
20 juin 1653.

Nous sommes obligés, Messieurs, pour ne pas
trop abuser de votre bienveillance, de passer sous
silence les accidents divers que la sœur Bourgeoys
éprouva dans cette traversée.

Nous ne vous dirons donc pas qu'à peine le na-

vire fût-il hors de la vue du port, que l'eau fut
refusée à notre sœur, et qu'il lui fallut boire du
breuvage des matelots, c'est-à-dire une eau croupie
et corrompue ; que peu de jours après l'embarquement un riche paquet de hardes composé de linge
fin et de dentelles de prix que Mme de Chuly avait
fait pour son frère, M. de Maisonneuve, et qu'elle
avait confié à la sœur Marguerite, tomba dans la
mer et fut perdu ; que le navire sur lequel on
s'était embarqué était pourri et faisait eau de toutes
parts, de sorte que, après avoir fait trois cent cinquante lieues en mer, on fut obligé de revenir à
terre et de relâcher à Saint-Nazaire, d'où l'on était
parti, ce qui donna tout juste un mois de retard
aux passagers qui ne purent reprendre la mer que
le 20 de juillet. Nous n'ajouterons pas que la maladie se mit dans le vaisseau, et que des cent huit
hommes que conduisait M. de Maisonneuve, il en
mourut huit en mer, ce qui procura à la sœur
Bourgeoys l'occasion de faire briller sa charité.
« Dans cette traversée, dit un des historiens de
Montréal, elle eut quantité de malades, et elle les
servit tous en qualité d'infirmière avec un indicible
soin [1]. » Jour et nuit elle était auprès d'eux, leur
distribuant libéralement tout ce qu'elle recevait de
la charité du capitaine et de celle de M. de Maisonneuve, se contentant, pour son usage, de la nour-

---

[1] Histoire de Montréal, de 1652 à 1653.

riture ordinaire de l'équipage et même de la ration la plus modique[1].

Aussi sa présence, son séjour sur le navire fut une véritable mission. Matelots, soldats, passagers, tout le monde la vénérait, tout le monde la chérissait ; elle était l'idole ou plutôt le bon ange de tous.

Enfin on arriva à Québec le 22 septembre après deux mois deux jours de traversée. « Notre arrivée, « écrit-elle, donna la joie à tout le monde. » En effet, la colonie était dans un si triste état qu'elle était à deux doigts de sa perte ; et quand on sait à quelle extrémité elle en était venue, on s'explique comment un *Te Deum* fut chanté dans l'église de Québec quand arriva la recrue de M. de Maisonneuve.

Notre sublime héroïne foulait enfin la terre après laquelle elle soupirait comme les juifs du désert soupiraient après la terre promise. Et si de nouvelles peines, si de nouvelles croix l'attendaient là, elle devait y trouver aussi une grande satisfaction.

A peine eût-elle débarqué qu'elle eut l'avantage de connaître Mlle Mance. Ce fut alors, dit M. Faillon, que ces deux saintes âmes, destinées par la Providence à travailler de concert, quoique d'une manière différente à la formation et à la sanctification de la colonie de Villemarie se lièrent

---

1 Mémoires, etc., p. 66.

d'une sainte et très-étroite amitié. Dès son arrivée
à Québec, M. de Maisonneuve s'empressa, en effet,
de faire connaître à Mlle Mance le caractère et la
vertu de la sœur Bourgeoys, qu'il ne cessait d'admirer toujours davantage à mesure que ses rapports avec elle devenaient plus intimes et plus
habituels. « J'amène, dit M. de Maisonneuve à
« Mlle Mance, une excellente fille nommée Marguerite Bourgeoys, personne de bon sens et de
« bon esprit et dont la vertu est un trésor qui
« sera un puissant secours au Montréal. Au reste,
« ajouta-t-il, c'est encore un fruit de notre Champagne, qui semble vouloir donner à ce lieu plus
que toutes les autres provinces réunies ensemble. »
M. de Maisonneuve faisait ici allusion au pays de
Mlle Mance et au sien propre, car l'un et l'autre
étaient nés en Champagne.

En Champagne ! ne vous est-il pas, Messieurs,
doux et agréable à l'oreille d'entendre prononcer
ici le nom de la Champagne et de voir la belle part
que notre pays a eue à la colonisation par le Christianisme de cette contrée que, hélas ! nous n'avons
pas su garder ! Mais néanmoins soyons fiers du
rôle que la Champagne et Troyes en particulier ont
joué alors dans ce pays, qui ne porta pas assez
longtemps le nom de *Nouvelle-France !*

Mais revenons à notre sujet. M. de Maisonneuve
raconta en détail à Mlle Mance l'entrée de la sœur
Bourgeoys dans la Congrégation externe de Troyes,

les grands exemples de perfection qu'elle y avait
donnés, le choix qu'on avait fait d'elle pour la
charge de préfète pendant douze années consécutives, enfin toutes les circonstances de sa vocation
à Villemarie et les espérances qu'il avait conçues
d'elle pour l'instruction et la sanctification des
jeunes personnes de cette colonie. Mlle Mance apprenant tous ces détails de la bouche de M. de
Maisonneuve considéra, dès ce moment, la sœur
Bourgeoys comme une compagne et une sœur que
la grâce de Dieu lui avait préparée pour seconder
son zèle, et elle lui donna la plus entière confiance.
A dater de ce jour leurs deux âmes n'en firent plus
qu'une.

Cependant voilà notre héroïne arrivée sur le
théâtre de ses charitables exploits et sur le champ
de bataille de son pieux héroïsme.

Quatre années s'écoulèrent avant qu'elle pût
exercer son zèle pour l'éducation chrétienne des
enfants et ouvrir une école. Mais pendant ces quatre
années, qu'elle fut loin d'être inactive ! « On était
sûr, dit un de ses historiens, de la trouver partout
où il y avait du bien à faire. On la voyait visiter
et servir les malades, consoler les affligés, instruire les ignorants, blanchir le linge et raccom-
moder gratuitement les hardes des pauvres et des
soldats, ensevelir les morts et se dépouiller en
faveur des nécessiteux des choses qui lui étaient le
plus nécessaire. »

Citons une preuve touchante de cette charité.

A Nantes, un lit lui avait été donné par M. Lecoq.

Durant un hiver très-rude, un soldat, tout transi de froid, vient la trouver en lui disant qu'il n'a rien sur quoi coucher pour se garantir du froid pendant la nuit. La sœur Bourgeoys ne balance pas. Elle va chercher son matelas et le lui donne. Peu après, un autre soldat vient à faux ou à vrai exposer le même besoin. Elle lui donne sa paillasse. Deux autres, sans savoir qu'elle se dépouillait elle-même, vinrent à leur tour faire appel à sa charité, et elle leur donna ses deux couvertures. Ainsi dépouillée, elle aimait à coucher sur le plancher, même dans les plus grands froids, se croyant bien dédommagée de ses sacrifices, lorsqu'à ce prix elle pouvait soulager les autres.

Messieurs, dans un pareil sujet on ne peut pas être orateur, on ne peut être que narrateur. Nulle éloquence n'égalerait l'éloquence de pareils faits !

Continuons donc à raconter.

Enfin, quatre ans après son arrivée à Villemarie, la sœur Bourgeoys put ouvrir une école. Mais écoutons-là elle-même. Elle parlera bien mieux que nous ne saurions le faire, et sa voix aura un charme, un intérêt que n'aurait pas la nôtre.

« Quatre ans après mon arrivée, écrit la sœur
« Bourgeoys, M. de Maisonneuve voulut me don-
« ner une étable de pierre pour en faire une mai-

« son et y loger celles (les filles) qui y feraient
« l'école. Cette étable avait servi de colombier et
« de loge pour les bêtes à cornes. Il y avait un
« grenier au-dessus où il fallait monter par une
« échelle, par dehors, pour y coucher. Je la fis
« nettoyer ; j'y fis faire une cheminée et tout ce
« qui était nécessaire pour loger les enfants. J'y
« entrai le jour de sainte Catherine, 25 novembre
« 1657. Ma sœur Marguerite Picaud (qui a été en-
« suite Mme La Montagne), demeurait alors avec
« moi ; et là, je tâchai de recorder le peu de filles
« et de garçons capables d'apprendre [1]. »

Ce fut donc dans ce pauvre logement que votre
sainte compatriote commença, Messieurs, ses fonctions d'institutrice et d'apôtre ; là qu'elle ouvrit
ses classes gratuites en faveur des enfants des
deux sexes ; là aussi que, sur le modèle de ce
qu'elle avait vu faire à Troyes, à la Congrégation externe, elle réunit les filles qui n'étaient
plus en âge de venir à l'école, pour les soutenir
dans la vertu et pour perfectionner leur éducation.

Mais bientôt elle s'aperçut que, n'ayant qu'une
compagne pour la seconder dans les différentes
œuvres que son zèle embrassait, elle succombait à
la tâche ; et, soudain, elle résolut de repasser en

---

1 Écrits autographes de la sœur Bourgeoys. Mémoires, etc.,
page 95.

France pour venir chercher à Troyes, parmi ses anciennes compagnes, quelques filles zélées qui l'aidassent à instruire les enfants.

Elle partit donc et vint à Troyes.

« Étant arrivée dans cette ville, je fus loger,
« dit-elle, chez les religieuses de la Congrégation.
« Je dis que je voudrais emmener trois filles d'une
« assez forte santé pour nous soulager dans nos
« emplois. Le père d'une de mes amies, M. Rai-
« sin, qui demeurait à Paris, étant venu à Troyes
« sur ces entrefaites et sachant mon dessein, me
« dit de faire prier (Dieu pour qu'il lui plût d'ins-
« pirer à de vertueuses filles de me suivre), ne
« pensant peut-être pas que la sienne, qui était
« jeune, songeât à ce voyage. Il retourna ensuite
« à Paris. Cependant Mlle Raisin, sa fille, pressait
« fort pour s'engager avec moi. Mais (je ne crus
« pas d'abord devoir l'accepter), ne voulant em-
« mener personne que du consentement des pa-
« rents. Enfin, les trois qui s'offrirent furent ma
« sœur Aimée Châtel, ma sœur Catherine Crolo et
« ma sœur Marie Raisin elle-même qui espérait
« obtenir le consentement de son père qui était à
« Paris [1], »

Ainsi, Messieurs, comme vous le voyez, cette pieuse et héroïque colonie est toute composée de troyennes. Et c'est Troyes qui, par elle, va porter

_____

1 Ecrits autographes, etc Mémoires, etc., p. 115.

à Montréal le double flambeau de la foi et de l'instruction.

« J'ai admiré, continue la sœur Bourgeoys,
« comme M. Châtel, qui était notaire apostolique,
« m'a confié sa fille qu'il aimait beaucoup.
« M'ayant demandé comment nous vivrions à Ville-
« marie, je lui montrai le contrat qui me mettait
« en possession de l'étable qui avait servi de co-
« lombier et de loge pour les bêtes à cornes ; et,
« ne voyant rien pour subsister : eh bien, me dit-
« il, voilà pour loger ; mais pour le reste que
« ferez-vous ? De quoi vivrez-vous ? Je lui dis que
« nous travaillerions pour gagner notre vie et que
« je leur promettais à toutes du pain et du po-
« tage ; ce qui lui tira les larmes des yeux et le fit
« pleurer. Il aimait beaucoup sa fille ; mais ne
« voulut pas s'opposer aux desseins de Dieu sur
« elle. Il prend conseil de l'Évêque de Troyes
« (M. Malier du Houssay), car il était bon servi-
« teur de Dieu ; et, sur la réponse affirmative du
« prélat, il accède aux désirs de sa fille. On passa
« en son étude le contrat d'engagement, ainsi que
« celui de ma sœur Crolo, qui avait eu le désir de
« venir avec moi dès mon premier voyage. Par ces
« contrats, elles s'engagèrent pour demeurer en-
« semble et faire l'école à Villemarie. La sœur Châ-
« tel fit de plus une donation de tout son bien en fa-
« veur de ses filleuls et de ses filleules, si elle ne
« retournait pas après un certain temps limité.

« Ensuite M. Châtel (c'est toujours la sœur
« Bourgeoys qui parle) voulut accommoder un
« coffre pour les hardes de sa fille et une cassette
« pour son linge ; de plus, il fit coudre proche
« la baleine de son corset cent cinquante livres
« en écus d'or, avec défense de m'en parler, ni à
« personne, afin que s'il fallait revenir ou aller
« seule, elle pût s'en retourner. Enfin, il écrivit
« dans tous les lieux les plus considérables de
« la route par où l'on devait passer, que si sa
« fille avait besoin de service en allant, on lui
« donnât tout ce qui lui serait nécessaire ou
« ce qu'elle demanderait pour s'en retourner à
« Troyes [1]. »

J'aime à croire, Messieurs, que vous avez autant
de plaisir à entendre le récit de ces détails intimes
que j'en ai eu moi-même à les transcrire. Je pour-
suis donc en citant toujours notre admirable sœur
Bourgeoys.

« Selon le désir que j'avais eu en arrivant, j'em-
« menai donc trois filles, mes sœurs Châtel, Crolo
« et Raisin... J'emmenai encore une petite fille...
« Enfin, il se présenta aussi un jeune homme
« studieux pour servir notre maison et se donner
« au service de Dieu toute sa vie. Il nous suivait
« et prenait ses gîtes proche des nôtres ; mais,
« dans le navire, il fut attaqué d'un flux de sang

1 Ecrits autographes, etc. Mémoires, etc., p. 116.

« dont il est mort dans notre maison, deux ans
« après être arrivé à Villemarie.

« De Troyes à Paris nous étions quinze ou seize
« personnes. Pour nous conduire, nous avions
« pris des charretiers qui nous donnèrent bien de
« la peine. Nous n'avions pas fait une lieue que
« la charrette fut arrêtée parce qu'il n'était pas
« permis à des particuliers de nous conduire au
« préjudice des voitures publiques. Il fallut donc
« retourner à Troyes où M. Châtel obtint la per-
« mission de continuer la route. Un jour de di-
« manche, comme nous passions près d'une église
« où l'on sonnait la sainte Messe, nous deman-
« dâmes au cocher de nous la laisser entendre ;
« mais nous ne pûmes l'obtenir. Cependant envi-
« ron à midi, une de ses roues se rompit en deux
« pièces, et il fallait aller jusqu'à Paris pour avoir
« une autre roue. Ceux qui ne purent aller à pied
« demeurèrent là. L'après dinée, une petite cloche
« sonne, et un prêtre qui paraissait tout languis-
« sant avec cinq ou six chétifs hommes psalmo-
« dièrent les vêpres. Ce prêtre nous conta les mi-
« sères de ce lieu : toutes les maisons ruinées,
« grande quantité de chevaux morts et même des
« hommes et une femme ; nous tâchâmes de
« mettre un peu de terre pour les couvrir [1]. »
N'est-ce pas là, Messieurs, une délicieuse narra

1 Ecrits autographes, etc. Mémoires, etc., p. 118-119.

tion ? et nos plus grands écrivains ont-ils jamais dit mieux ?

Écoutons encore la suite et la fin de ce récit dû à la même plume.

« A Paris, ma sœur Raisin se présente à son père pour avoir son congé. Il n'avait que cette fille avec un fils. Il ne voulut point d'abord lui accorder son consentement. Il refusa même de la voir. Mais elle fait prier, elle pleure, elle fait tout son possible. Enfin, après beaucoup de prières, elle obtient sa demande, et son père lui fait faire un contrat semblable aux deux autres passés à Troyes. Il lui donna même pour son voyage et pour ses hardes mille francs dont je ne voulus prendre que trois cents francs et lui laissai le reste, n'en ayant pas besoin. Mais tous les ans il nous donnait trente-cinq livres pour sept cent, et après sa mort son fils a continué. Enfin, à la mort de ce fils, avocat au Parlement, outre ces dons, nous avons eu une rente de trois cent livres pour les six mille qui revenaient à sa sœur. »

Les associés du Montréal, voulant mettre à profit le voyage en France et le retour en Canada de la sœur Bourgeoys, avaient engagé un grand nombre d'hommes honorables et de filles vertueuses à aller s'établir à Villemarie. Le nombre des hommes s'éleva à soixante, et celui des filles à trente-deux. Les trente-deux filles furent confiées, pendant la traversée, à la sœur Bourgeoys, et elle leur servit encore de mère à Villemarie jusqu'à ce qu'elles eussent été établies.

Ce fut, Messieurs, dans ce voyage qu'eut lieu un trait de désintéressement qui fait trop d'honneur à notre héroïne pour que nous le passions sous silence.

Un homme riche, membre de la compagnie de Montréal, touché de l'esprit de zèle et de dévouement apostolique qu'il reconnut dans notre sœur, lui offrit un fonds considérable pour assurer un revenu à l'œuvre naissante de la Congrégation. Mais cette digne fondatrice refusa absolument de l'accepter, dans l'appréhension que cette aisance ne nuisît à l'esprit de pauvreté qu'elle avait si religieusement pratiquée jusqu'alors, et qu'elle était jalouse de léguer à ses filles comme le plus riche trésor qu'elle pût leur laisser.

Je glisse, Messieurs. sur plusieurs difficultés qu'on suscita à la recrue pour l'empêcher d'aller à Villemarie, et dont une seule la retint pendant trois mois à La Rochelle.

On en partit le 29 juin 1659.

Il y avait environ deux cents personnes sur le navire, dont cent dix étaient destinées pour Villemarie et dix-sept ou dix-huit filles pour Québec.

Ce voyage devait avoir ses épreuves comme le premier qu'avait fait la sœur Bourgeoys. Le navire qu'on avait frété, sur lequel on était monté,

avait servi pendant deux ans d'hôpital de guerre,
sans avoir fait depuis de quarantaine, et il était
infecté de la peste. La maladie se déclara aussitôt,
et il mourut huit ou dix personnes dès le départ.
Notre sœur ne se ménagea pas alors. « Nous pou-
« vons dire, écrit M. Dollier de Casson dans son
« *histoire de Montréal*, que la sœur Marguerite
« Bourgeoys fut bien celle qui travailla autant que
« toutes les autres perdant toute la traversée, et
« que Dieu pourvut de plus de santé pour suffire
« à tant de fatigues[1]. » Elle éprouva cependant
quelques atteintes du mal. Les sœurs Châtel, Crolo
et Raisin surtout en ressentirent toute la violence.

Enfin, après une navigation si pénible et si
remplie d'épreuves et de traverses, on arriva à
Québec le 8 septembre, et à Montréal le 29.

Pour comprendre, Messieurs, la grandeur d'âme,
le courage et l'héroïsme de la sœur Bourgeoys, il
faut savoir que Villemarie, où elle s'était fixée, touchait au pays des Iroquois, les sauvages les plus
féroces de ces contrées barbares. Sans cesse ces
hommes de sang harcelaient la ville ; ils pénétraient jusqu'à la porte des maisons pillant et in-
cendiant les habitations et tuant les personnes.

La sœur Bourgeoys raconte elle-même dans ses
Mémoires comment douze colons furent surpris

1 Histoire de Montréal.

dans leur travail et emmenés par les barbares dans leur pays, à la réserve de trois qui furent tués sur la place; comment un prêtre de Saint-Sulpice, économe du séminaire de Villemarie, fut tué aussi à coups de fusils par une troupe d'Iroquois tandis qu'il faisait sentinelle pour avertir, en cas de besoin, des moissonneurs qui travaillaient pour sa maison ; comment trois autres colons furent également tués pendant qu'ils couvraient leur maison à la pointe *Saint-Charles,* près de Villemarie; comment un autre prêtre de Saint-Sulpice fut aussi massacré, puis brûlé et mangé par ces Cannibales.

Tels étaient, Messieurs, les dangers auxquels la sœur Bourgeoys et ses filles furent continuellement exposées durant les premières années de leur séjour à Villemarie. Cette ville était sans murailles, et, la nuit, les Iroquois y pénétraient pour fondre sur ceux qui venaient à sortir de chez eux. Ils s'introduisirent ainsi jusque dans la cour des sœurs de la Congrégation... Mais Dieu ne permit pas qu'ils leur fissent aucun mal.

Mais rien de tout cela ne pouvait arrêter ni même ralentir le zèle de la sœur Bourgeoys.

La femme forte, Messieurs, est comme le juste d'Horace, rien ne l'effraie, rien ne l'arrête. Un déluge n'éteindrait pas le feu de sa charité.

Notre sainte compatriote se livra avec le zèle le plus ardent et le plus infatigable à l'éducation des jeunes filles de Villemarie. Elle les réunissait dès l'âge le plus tendre. Son zèle ne faisait acception de personne. Il s'étendait aux filles de toutes les classes de la société, de quelque état et de quelque rang qu'elles fussent.

Pour les enfants en bas âge, elle avait ses écoles. Pour les enfants des riches, elle ouvrit un pensionnat. Elle fonda aussi un ouvroir. Puis elle institua, pour ses élèves plus âgées, la congrégation externe.

Nous ne pouvons pas, Messieurs, nous étendre à vous dire ici avec quelque détail quels principes la sœur Bourgeoys inspirait à ses enfants. Ce sont ceux qui font une bonne et forte éducation, la crainte de Dieu, la douceur, la politesse, l'habitude du travail et de la tempérence, la pureté de mœurs, en un mot tout ce qui chez nous, à l'heure qu'il est, constituerait une éducation parfaite. Et tels furent ses succès en ce genre, qu'au dire d'un des historiens du Canada, elle éleva son sexe au-dessus de l'autre, et que par suite du zèle infatigable des sœurs de la Congrégation à instruire et à former les femmes, celles-ci obtinrent la prépondérance sur les hommes. Aussi, longtemps après la mort de l'admirable sœur, ce même auteur écrivait : « Si jusqu'à ce jour il règne dans « le pays une si grande douceur dans les mœurs « de toutes les classes de la société et tant d'amé- « nité dans les rapports de la vie, c'est au zèle de

« la sœur Bourgeoys qu'on en est redevable en
« très-grande partie[1]. »

Et le 13 novembre 1654, le gouverneur général
du Canada écrivait au ministre de la marine :
« J'ai trouvé à Villemarie, en l'île de Montréal,
« un établissement des sœurs de la Congrégation,
« sous la conduite de la sœur Bourgeoys, qui fait
« de grands biens à toute la colonie, et, en outre,
« un établissement de filles de la Providence (ces
« filles de la Providence étaient vingt grandes
« filles instruites et formées au travail par les
« soins de notre sœur) qui travaillaient toutes en-
« semble. Elles pourront commencer quelque ma-
« nufacture de ce côté là, si vous avez la bonté de
« leur faire quelque gratification[2]. »

Et les soins de la sœur Bourgeoys ne se bor-
naient pas à ses élèves, mais ils s'étendaient à
toutes les filles qui allaient de France à Villemarie
dans l'intention de s'y établir et d'y accroître la
colonie. Elle leur servait à toutes de mère, les
recevait dans sa maison, les logeait, les nourrissait, leur donnait à toutes les instructions qui leur
étaient utiles, et les gardait avec elle jusqu'à leur
établissement. C'est ce qui faisait dire à M. Dollier
de Casson que « ces filles ont été bienheureuses

---

1 *Histoire de la Nouvelle-France*, par le P. de Charlevoix.
2 Archives de la marine : *Lettre de M. Dinonville*, du 13
novembre 1684.

« d'être tombées dans de si bonnes mains que les
« siennes [1]. »

Messieurs, notre héroïne est si abondante,
comme dit saint Paul [2], en bonnes œuvres de tout
genre, qu'elle nous force à en passer, à en taire
une grande partie pour ne pas fatiguer votre attention et abuser de vos instants que vous devez à
d'autres choses.

Laissez-moi pourtant vous dire quelques mots
de ses vertus privées, bien plus puissantes encore
que ses leçons sur les âmes qu'elle portait au bien.
Portant toujours, comme l'apôtre, la mortification
de Jésus-Christ dans son corps, elle ne prenait
pour sa nourriture que les aliments les plus gros-
siers, mangeait très-peu, ne buvait que de l'eau
une seule fois par jour et en très-petite quantité.
Elle couchait sur le plancher ou sur la terre avec
un billot pour chevet. L'hiver elle n'approchait
jamais du feu. Sa prière était continuelle; aussi
un de ses directeurs l'appelait-il la *petite Sainte
Geneviève du Canada.*

La vue seule de sa personne portait à Dieu.

« Elle inspire l'amour de l'humilité seulement
à la voir, est-il écrit dans les *Annales de l'hôtel-
Dieu Saint-Joseph.* » — « Nous l'avons connue, dit
« l'auteur de l'ouvrage intitulé *Premier établisse-*

1 Histoire de Montréal, de 1658 à 1659.
2 Cor., XV, 58.

« *ment de la Foi dans la Nouvelle-France,* nous
« l'avons connue pleine de l'esprit de Dieu, de
« sagesse et d'expérience, d'une constance invin-
« cible à tous les obstables qu'elle a trouvés à son
« dessein. » — « Je ne crois pas, écrivait le R. P.
« Bouvard, supérieur des Jésuites de Québec,
« avoir vu de fille aussi vertueuse que la sœur
« Bourgeoys, tant j'ai remarqué en elle de gran-
« deur d'âme, de foi, de confiance en Dieu, de
« dévotion', de zèle, d'humilité, de mortifica-
« tion[1]. »

Nous l'avons dit : tous les soins que la sœur
Bourgeoys et ses compagnes prodiguaient aux filles
de Villemarie étaient gratuits. Pour subsister, elles
n'avaient que le travail de leurs mains. Aussi une
sœur Morin, hospitalière de Saint-Joseph, écrit-
elle dans les *Annales de l'hôtel-Dieu Saint-Joseph,*
de Montréal, en parlant des quatre premières compagnes que la sœur Bourgeoys avait amenées de
France en 1659 : « Elles ont été avec elle les di-
« gnes fondements de la Congrégation, travaillant
« nuit et jour à coudre et à tailler, pour habiller
« les femmes et pour vêtir les sauvages, tout en
« faisant les écoles. Le partage de la sœur Crolo,
« ajoute-t-elle (n'oublions pas, Messieurs, que
« cette sœur Crolo était troyenne), le partage de
« la sœur Crolo fut le ménage de la campagne,

1 Vie de la sœur Bourgeoys, 1818.

6

« où elle a consumé ses forces et ses annés et a
« rendu par là bien des services à ses sœurs :
« lavant les lessives le jour, après les avoir cou-
« lées la nuit, cuisant le pain, étant toujours in-
« fatigable au travail et se regardant comme la
« dernière de toutes et la servante de la maison.
« Elle vit encore aujourd'hui, âgée de quatre-
« vingts ans, en grande odeur de vertu[1]. »

Par cette application constante au travail, la
sœur Bourgeoys et ses filles vivaient sans être à
charge à personne. Il est vrai qu'elles se conten-
taient de la nourriture la plus grossière et des meubles les plus indispensables, ne couchant que sur
des paillasses avec des couvertures sans draps.

Nous avons vu ailleurs que les draps qu'elles
possédaient étaient pour l'usage des filles qu'elles
avaient chez elles.

D'après tout cela, Messieurs, nous ne nous
étonnerons pas que dès l'année 1667 les habitants
de Villemarie aient tenu une assemblée générale
pour adresser une requête au roi, afin d'obtenir
de lui des lettres-patentes en faveur de cette communauté. D'après le conseil des personnes qui la
dirigeaient, la sœur Bourgeoys résolut d'entreprendre de nouveau le voyage de France pour solliciter ces lettres que réclamait la solidité de son
établissement.

1 Annales de l'hôtel-Dieu Saint-Joseph.

La voilà donc embarquée encore une fois pour
la France. J'hésite, Messieurs, à vous dire (car je
crains toujours d'être trop long, c'est un sentiment qui ne me quitte pas), j'hésite à vous dire
sous quels tristes auspices commença ce voyage.
Mais vous supporterez mieux ce récit en l'entendant de sa propre bouche. C'est donc elle qui va
parler.

« On me dit, écrit-elle, qu'il fallait demander
« des lettres-patentes et emmener (pour ramener)
« quelques filles. Je reçus beaucoup de certificats
« tant du séminaire de Saint-Sulpice que de Mon-
« tréal et de Québec. Je partis donc avec tous ces
« certificats que j'avais eus sans aucune peine. A
« Quebec, étant un peu indisposée, j'allai prier
« M. de Fénelon qui devait passer avec nous, de
« permettre à son domestique d'emporter ma cou-
« verte et une boîte où étaient mes hardes, ce qu'il
« me permit. Je vais ensuite pour recevoir la bé-
« nédiction du saint Sacrement et celle de Monsei-
« gneur l'Évêque; et je m'embarque. Ma boîte avait
« été mise chez Mᵐᵉ Saint-Amand, avec les effets
« des voyageurs : et, quand ils partirent, ne re-
« connaissant point cette boîte, ils la laissèrent.
« Cependant le serviteur de M. de Fénelon m'as-
« sure que tout est dans le navire; je cherche mes
« affaires, on n'y voyait pas clair; il fallut passer
« ainsi la nuit. Le matin, je ne trouve ni ma cou-
« verte ni ma boîte. M. de Fénelon veut donner

« une pièce de quarante sols pour envoyer quel-
« qu'un les chercher à Québec ; mais dans le mo-
« ment, on crie qu'on va faire voile. Je m'avise
« alors d'écrire à M. Dupuis, major de Montréal,
« qui était à Québec, que si ma boîte se trouvait,
« il m'envoyât en France ce qui pourrait me ser-
« vir, comme les papiers, et fît parvenir la boîte
« à Montréal. Il ne reçut point ma lettre. Cepen-
« dant, comme cette boîte était restée chez
« Mᵐᵉ Saint-Amand, M. Dupuis en fait l'ouverture ;
« et reconnaissant par les hardes qu'elle était à
« moi, il fait un paquet des papiers qu'il m'envoie
« par un autre navire, et fait passer la boîte à
« Montréal.

« Me voilà embarquée seule de mon sexe,
« n'ayant pas même dix sols. Je me range sur des
« étoupes et sur un rouleau de cordes. Il y avait
« deux prêtres avec nous. J'avais de la toile pour
« une paillaisse qui devait me servir dans le na-
« vire ; me voyant sans ma boîte, j'en fis une che-
« mise, et cependant je ne changeai point de linge
« dans la traversée. Nous ne fûmes que trente-et-
« un jours en mer; mais, à La Rochelle, en des-
« cendant du navire, croyant y rentrer ensuite, je
« laissai cette chemise et elle fut perdue.

« En arrivant à Paris, M. de Fénelon me fît
« prêter cinquante livres ; et, pour le carosse, je
« donnai quarante-cinq livres dix sols jusqu'à
« Paris. Je ménageai ma dépense. J'arrivai à Paris

« le soir fort tard sans argent, sans hardes et sans
« connaissances, et je passai la nuit chez une
« femme, proche Saint-Sulpice. Le matin, je vais
« à cette église, et comme je vis qu'on allait por-
« ter le Saint-Viatique à des malades, je me joi-
« gnis aux fidèles et je suivis Notre-Sauveur. On
« passe devant l'église des religieux Prémontrés
« (située tout proche, au carrefour de la Croix-
« Rouge); j'y entrai pour faire mes dévotions, et
« ce fut là que je me confessai et continuai tout le
« temps de mon séjour à Paris. Ensuite je portai
« une lettre de M. Pérot, notre curé de Montréal,
« à ses sœurs, qui me demandèrent ce qu'il fallait
« de port. Je leur dis qu'elle venait de trop loin ;
« et elles me connurent par le contenu de la lettre.
« Elles m'offrirent à déjeûner, ce que j'acceptai
« avec besoin sans leur dire pourtant que j'étais
« arrivée dès le soir fort tard.

    « Je dirai ici que, comme j'étais à Québec, avant
« l'embarquement, un prêtre du séminaire (de
« Montréal) à qui nous avions fait de l'ouvrage et
« fourni quelque chose, sans que je connusse
« combien il pouvait me devoir, m'avait mandé
« en quoi je voulais qu'il payât mes sœurs. Je lui
« mandai que si j'avais cela à Paris, cette somme
« pourrait me servir et je ne pensai plus à cela :
« nous allions faire voile. Étant donc allée au
« séminaire de Saint-Sulpice, pour rendre mes
« lettres, comme j'attendais à la porte, j'entends

« un prêtre qui disait : on me mande de donner
« cent livres à une fille que je ne connais point :
« et, entendant prononcer mon nom, je dis :
« « c'est moi. » Une lettre de M. Pérot, que je re-
« mis, confirma la vérité. Tout de ce pas, je suivis
« ce monsieur qui demeurait tout auprès, dans la
« rue *Princesse*. Il me donna cent livres, et je lui
« fis une quittance double.

« Il y avait, je ne me souviens point combien
« d'années que j'avais prêté à un jeune garçon
« cent-vingt livres, et M. de Maisonneuve lui en
« avait prêté douze, et ce jeune homme m'avait
« fait une promesse que j'envoyai à M. Blondel,
« à Paris, pour nous en faire payer. Mais M. Blon-
« del était mort et l'on m'avait mandé que la pro-
« messe était perdue ; je ne pensais plus à cela.

« Ayant donc reçu les cent livres dont j'ai parlé,
« je fis en sorte de trouver M. de Maisonneuve qui
« était logé aux *Fossés-Saint-Victor*, proche les
« Pères de la Doctrine chrétienne. J'y arrivai assez
« tard. Il n'y avait que quelques jours qu'il avait
« fait garnir une petite chambre et construire une
« cabane à la façon du Canada, afin d'y loger
« quelques personnes qui viendraient de Montréal.
« Je frappai à la porte, et lui même descendit
« pour m'ouvrir; car il logeait au deuxième étage
« avec Louis Frin, son serviteur; et il m'ouvrit
« la porte avec une joie très-grande. A quelques
« jours de là, comme il me montrait quelque

« chose en son cabinet, il mit la main sur une
« planche et y trouva la promesse de ce jeune
« homme. Je cherchai le jeune homme pour lui
« faire reconnaître sa promesse. Je trouvai sa mère
« qui était veuve ; et la somme.... me fut rendue
« d'une manière bien providentielle [1]. » On a su
de la sœur elle-même, rapporte M. Montgolfier,
que marchant un jour à pied dans une rue de
Paris, elle entendit un cavalier qui courait après
elle et qui, l'ayant atteinte, lui demanda si elle
ne connaissait pas une fille venue du Canada, nommée Marguerite Bourgeoys. Celui-ci ayant appris
par sa réponse que c'était elle-même voulut lui
remettre en main une somme d'argent, qu'elle re-
fusait absolument de recevoir, ne sachant pas le
motif d'une pareille générosité. Mais elle fut bientôt rassurée, lorsqu'elle apprit de lui que c'était
le remboursement de ce même prêt qu'elle lui avait
fait dans son besoin à Villemarie [2].

Admirons ici, Messieurs, combien la Providence
se montre attentive et bonne en faveur de cette
femme qui, se confiant en elle, était partie de
Québec pour Paris sans avoir dix sols dans sa po-
che. Ainsi se vérifie encore une fois dans l'admirable vie que nous racontons, cette parole du
Maître : quand je vous ai envoyés sans sac, sans

---

1 Ecrits autographes, etc. Mémoires, etc., p. 217.
2 Vie de la sœur Bourgeoys, 1818.

bourse et sans bâton, avez-vous manqué de quelque chose ?

Cette même Providence signala encore sa bonté en faveur de notre héroïne, en disposant favorablement à son égard toutes les personnes dont elle pouvait avoir besoin, et notamment le ministre Colbert qui, non content de faire obtenir à la sœur Bourgeoys les lettres-patentes qu'elle était venue solliciter, écrivit encore en ces termes à l'intendant du Canada, M. Talon :

« Quant à l'établissement de la Congrégation de
« filles qui se forme à Montréal pour enseigner
« aux personnes du même sexe à lire, écrire et
« quelques ouvrages de main, le roi trouve bon
« que vous vous appliquiez à le fortifier : ces
« œuvres de piété pouvant contribuer beaucoup à
« l'augmentation du culte de notre religion[1]. »
Enfin, sachant toutes les oppositions qu'un autre établissement religieux avait éprouvées de la part du conseil souverain de Québec, M. de Colbert voulut que les lettres-patentes de la sœur Bourgeoys fussent d'abord enregistrées au parlement de Paris avant d'être présentées à Québec, afin qu'elles ne pussent rencontrer aucun obstacle dans cette dernière cour.

Par un effet de la même estime et de la même

---

1 Archives de la marine, Canada, registre des dépêches de 1671, à M. Talon, fol. 31.

bienveillance, le secrétaire, chargé de ces sortes
d'expéditions, ne voulut rien recevoir pour les
frais du sceau [1].

Ces lettres sont trop élogieuses, elles font trop
d'honneur à notre sœur pour que nous ne les rap-
portions pas ici en substance.

En voici donc un extrait :

« Notre bien aimée Marguerite Bourgeoys, ori-
« ginaire de notre ville de Troyes, en Champagne,
« nous a très-humblement fait exposer qu'il y a
« longtemps qu'il a plu à Dieu de lui inspirer le
« désir de l'avancement de la foi catholique par la
« bonne instruction des personnes de son sexe,
« tant des sauvages que des français naturels de la
« Nouvelle-France où elle s'est retirée pour ce
« sujet dès l'année 1653. S'y étant établie dans
« l'ile de Montréal avec quelques autres filles vi-
« vant en communauté ; elle y a fait l'exercice de
« maîtresse d'école, en montrant gratuitement aux
« jeunes filles tous les métiers qui les rendent
« capables de gagner leur vie ; et, avec un heu-
« reux progrès, par les grâces continuelles de la
« divine Providence, que ladite exposante ni ses
« associées ne sont aucunement à charge au pays,
« ayant fait bâtir à leurs dépens dans l'ile de
« Montréal deux corps de logis propres à leur
« dessein et fait défricher plusieurs concessions

1 Ecrits autographes, etc. Mémoires, etc., p. 219.

7

« de terre, bâtir une métairie garnie de toutes les
« choses nécessaires. Cet établissement, ainsi fait,
« a depuis été approuvé par le seigneur évêque de
« Pétrée, vicaire apostolique, par le sieur de
« Courcelle, notre lieutenant-général en Canada,
« et le sieur Talon, intendant de justice, police et
« finances, que, par un résultat d'assemblée des
« habitants du lieu, au moyen de quoi ladite ex-
« posante a été conseillée, pour le bien général
« de l'île, de venir nous requérir de lui accorder
« nos lettres de confirmation de cet établisse-
« ment, sous le titre de Congrégation de Notre-
« Dame.

« Voulant contribuer de notre part, comme
« nous ferons toujours, autant qu'il nous sera
« possible, aux bonnes intentions de ladite expo-
« sante, de ses associées et de celles qui leur suc-
« céderont, en leur donnant le moyen de fortifier
« et d'étendre leur établissement, dans tous les
« lieux où il sera jugé le plus à propos pour la
« gloire de Dieu et le bien du pays : nous confir-
« mons par les présentes, signées de notre main,
« l'établissement de ladite Congrégation dans l'île
« de Montréal, sous la juridiction de l'ordinaire,
« sans qu'elles y puissent être troublées sous quel-
« que prétexte que ce soit[1]. »

1 *Archives de la Marine, Canada*, 1671. — *Archives du Royaume, Parlement de Paris. Enregistrement*, 20 *juin* 1671. *Édits concernant le Canada*, tom. I, p. 59.

Après que la sœur Bourgeoys eut obtenu ces lettres-patentes, elle songea à s'associer de nouvelles compagnes.

A cet effet, elle emmena de France, pour vivre avec elle en communauté, six filles, dont plusieurs étaient ses propres nièces; ce qui nous porte à croire que ce fut encore à Troyes, et exclusivement à Troyes, qu'elle forma cette nouvelle recrue.

Disons aussi les noms de ces six nouvelles compagnes. Associons à la gloire de la sœur Bourgeoys, aux louanges que nous lui donnons et à la vénération que nous lui portons, les sœurs Élisabeth de la Bertache, Madeleine Constantin, Thérèse Soumillard, Perrette Laurent, Geneviève Durosoy et Marguerite Soumillard que nous voyons, quelques années plus tard, former avec les anciennes toute la communauté de la Congrégation.

De Troyes, la sœur Bourgeoys retourna à Paris, et de Paris elle se dirigea vers le Hàvre où devait se faire l'embarquement. Outre ses six compagnes, elle était chargée de conduire quelques autres filles destinées à s'établir à Villemarie.

Elle descendit la Seine en bateau de Paris à Rouen avec sa petite troupe, composée de onze filles; et là, elles furent obligées de séjourner plus d'un mois, le navire sur lequel elles devaient s'embarquer n'étant pas encore prêt à partir.

Un séjour si prolongé dans une grande ville eut bientôt épuisé leurs modiques ressources. Celle de

ses filles qui avait été chargée du soin de la dépense, voyant qu'elles étaient à la veille de manquer de tout, dit un jour à la sœur Bourgeoys :
« Ma sœur, nous n'avons plus d'argent que pour
« cette semaine : que ferons-nous après? — « Vous
« vous défiez donc de la Providence? » lui répondit
« la sœur Bourgeoys. « Elle ne nous a jamais man-
« qué dans nos besoins. » — Mais, en attendant,
« répliqua l'autre, il faut que nous vivions. —
« C'est assez, ma sœur, lui dit-elle, Dieu y pour-
« voira. » Dieu y pourvut en effet ; car, avant la fin
de la semaine, Louis Frin, qui demeurait chez
M. de Maisonneuve, arriva à Rouen et apporta
pour chacune de ces filles un mandat de deux
cents livres, et une rétribution journalière de onze
sols six deniers jusqu'à leur arrivée à Québec, secours qui, selon toutes les apparences, leur était
procuré par M. de Colbert, si dévoué à l'œuvre de
Montréal.

Comme le séjour de Rouen n'offrait aucun intérêt
à ces vertueuses filles, la sœur Bourgeoys les fit
embarquer pour le Hàvre, afin qu'elles fussent
témoins des travaux que l'on faisait pour équi-
per le vaisseau. Elles furent obligées de demeurer
encore plus de quinze jours dans cette dernière
ville.

Enfin, le navire étant équipé et le temps favorable, on mit à la voile le 2 juillet, jour de la Vi-
sitation.

On arriva à Québec l'avant-veille de l'Assomption.

Nous venons de voir, il n'y a qu'un instant, et nous avons déjà vu maintes fois dans ce discours briller du plus vif éclat la confiance et l'abandon de la sœur Bourgeoys à la divine Providence. En voici encore un trait, et ce ne sera pas le dernier.

Lorsque la sœur Bourgeoys arriva à Qubec, une personne vint lui annoncer que sa communauté était en décadence et prête à tomber ; à quoi elle répondit : « Celui qui la fera tomber pourra bien « la relever, quand il lui plaira. »

La maison de Montréal était alors, en effet, dans un très-grand dénûment ; et c'était apparemment ce qui faisait croire à quelques-uns qu'elle ne pourrait se soutenir. Mais il s'en fallait bien que la sœur Bourgeoys tirât de ce dénûment une induction si peu conforme à la sagesse chrétienne et à la conduite de la divine Providence sur les œuvres dont elle est le soutien. La pauvreté réelle était au contraire le plus riche trésor que la sœur Bourgeoys désirait laisser à ses filles, et le plus ferme appui qu'elle voulait donner à leur établissement. Aussi, fut-elle charmée, en arrivant à Villemarie, de voir qu'on ne pût lui présenter à son premier dîner qu'un petit morceau de viande salée et du pain. Pleine de confiance, elle ne laissa pas de charger la sœur Geneviève Durosoy de préparer à souper

pour la communauté. « Mais que voulez-vous que
« je prépare? lui dit celle-ci ; je ne vois rien dans la
« maison. — Pourquoi vous défiez-vous ainsi de la
« Providence? lui répondit la sœur Bourgeoys ; allez
« toujours à votre office : Dieu y pourvoira. » En
effet, dès cette après-midi, plusieurs personnes
étant venues les visiter, leur apportèrent en présent diverses espèces de provisions, en sorte que,
dans le jour même, il y eut abondance de tout.

L'arrivée de la sœur Bourgeoys fut un grand
sujet de joie pour tous les bons citoyens de Villemarie. Ils avaient demandé au roi d'affermir, par
des lettres-patentes, l'établissement de la Congrégation qui leur était si cher à tous et dont ils
appréciaient de plus en plus les précieux avantages.
Ils bénirent comme à l'envi la divine Providence en
apprenant le succès de leur supplique, et en voyant
arriver encore, pour se consacrer à cette œuvre,
les zélées coopératrices que la sœur Bourgeoys
amenait. « Ce que j'admire, » disait dans ces circonstances M. Dollier de Casson, que nous pouvons
considérer ici comme l'organe des sentiments de
toute la colonie; « ce que j'admire est ce que cette
bonne sœur Bourgeoys vient de faire, comme
elle a fait, un voyage de France de deux ans, dans
lequel, sans amis ni argent, elle a subsisté, elle a
obtenu ses expéditions de la cour, et est revenue
avec douze ou treize filles, dont il y en avait bien peu
qui eussent de quoi payer leur passage. Tout cela

est admirable, et fait voir la main de Dieu sur cette bonne fille et sur son institut[1]. »

A peine la sœur Bourgeoys fut elle revenue de France à Villemarie, qu'elle s'occupa activement de la construction d'une église ou chapelle, comme lieu de pèlerinage, non loin de Montréal. Elle fut bâtie en 1675, et dédiée à la Sainte Vierge, sous le titre de l'Assomption.

A propos de cette chapelle, la sœur Morin, religieuse de Saint-Joseph, écrivait : « Cette chapelle « est la promenade des personnes dévotes de la « ville, qui y vont tous les soirs en pèlerinage ; « et il y a peu de bons catholiques qui, de tous « les endroits du Canada, ne fassent des vœux « et des offrandes à cette chapelle dans tous les « périls où ils se trouvent. Je dis ceci pour faire « connaître que l'origine de cette dévotion est due à « la piété et au zèle de la sœur Bourgeoys, pour « faire honorer la très-digne Mère de Dieu. Car « elle n'avait rien pour faire ces choses, et dans « toutes ses entreprises elle n'a manqué de rien. « C'est une personne capable de toutes les œuvres « utiles à la gloire de Dieu; les affaires spiri- « tuelles et temporelles réussissent toujours entre « ses mains, parce que c'est l'amour de Notre « Seigneur qui la fait agir et qui lui donne l'in- « telligence[2]. »

1 Histoire de Montréal, de 1652 à 1653.
2 *Annales de l'hôtel-Dieu Saint-Joseph.* Mém., etc., p. 243.

Ne voyons-nous pas dans tout cela, Messieurs, l'accomplissement merveilleux de cette parole du Maître : « Quand je vous ai envoyés sans sac, sans argent, sans bâton, avez-vous jamais manqué de quelque chose ? Pourquoi donc craindre et vous défier, hommes de peu foi, votre Père Céleste ne sait-il pas que vous avez besoin de ceci ou de cela ? »

En 1679, la sœur Bourgeoys résolut d'entreprendre de nouveau le voyage de France. Des peines d'esprit, le besoin de consulter des personnes éclairées sur les règles qu'elle voulait donner à sa communauté, la présence et la prolongation du séjour en France de l'évêque de Québec, d'autres raisons encore la déterminèrent à ce troisième voyage. On mit à la voile vers le milieu de novembre, et on arriva heureusement à La Rochelle.

La sœur Bourgeoys écrit à propos de son voyage de cette ville à Paris : « On me conseilla de pren-
« dre le carrosse jusqu'à Paris, à cause des gens
« qui étaient avec les rouliers (et avec lesquels
« j'aurais dû me trouver en allant en charrette).
« J'avais donc craint de faire de la dépense en
« prenant le carrosse : mais les autres voyageurs
« l'avaient loué à un peu meilleur marché. Par
« leur faveur, je couchais pour peu de chose dans
« les auberges. Je portais ce que j'avais de reste
« de mon souper, et je mangeais dans le carrosse,

« quoique ces messieurs qui vivaient en commu-
« nauté me pressassent assez de manger avec eux :
« ce que j'ai toujours refusé. Je restais tout le jour
« dans le carrosse, et n'en sortais que pour le
« gîte. (Comme nous avions trois prêtres avec
« nous, et qu'ils célébraient le saint sacrifice tous
« les jours, où j'avais le bonheur d'assister). Il
« fallait se lever fort matin pour dire les trois
« messes avant que de partir : ce qui fit peut-être
« que je fus un peu malade.

« Le lendemain de mon arrivée à Paris, je
« couchai chez Mlle de Bellevue où je demeurai
« quelques jours. Mais aussitôt que M. de Tur-
« menie (qui était chargé de nos affaires) eut
« appris mon arrivée, il m'envoya une chaise à
« porteur avec deux hommes, et fit préparer une
« chambre, où il me fit traiter comme si j'eusse
« été sa propre sœur; j'y restai jusqu'au rétablis-
« sement de ma santé, et après, je fus loger aux
« filles de la Croix, rue Saint-Antoine[1]. »

Ce voyage de la sœur Bourgeoys n'eut pas tout
le succès qu'elle s'en était promis.

Elle était partie dans l'espérance de faire approu-
ver les règles de sa communauté par M. l'évêque
de Québec, et d'emmener avec elle de nouvelles
compagnes; et Dieu permit qu'elle vit toutes ses
espérances s'évanouir presque à son arrivée. « Je

---

1 Ecrits autographes, etc ; Mémoires, etc., p. 256.

« vais, écrit-elle, pour saluer Monseigneur de
« Laval, et lui faire connaître les motifs de mon
« arrivée. Il me dit que j'avais mal fait d'entre-
« prendre le voyage pour nos règles, et qu'il ne
« trouvait pas à propos que j'emmenasse des filles
« pour nous aider à Montréal [1]. »

Ce refus, qui était loin de répondre aux désirs
de notre généreuse sœur, ne la découragea point.
Toujours soumise aux ordres de la divine Providence, soit que ces ordres s'accordassent avec ses
vues, soit qu'ils les contrariassent, la sœur Bourgeoys, jugeant qu'un plus long séjour en France
serait inutile à sa communauté et à elle-même,
songea à repartir par les premiers vaisseaux, dès
que la navigation serait ouverte.

A Paris, elle visita M. Tronson, supérieur du
séminaire de Saint-Sulpice, qui conçut dès lors
pour elle une estime singulière dont ses lettres
nous offrent d'incontestables preuves.

Ce voyage de la sœur Bourgeoys en France eut,
entre autres avantages, celui de lui offrir l'occasion
d'exercer pour la quatrième fois sa sollicitude ma-
ternelle à l'égard d'un certain nombre de vertueuses filles destinées pour la colonie de Montréal,
et dont plusieurs furent envoyées par le séminaire
de Saint-Sulpice. Le départ eut lieu à La Rochelle.
Cette année, les Anglais s'étant rendus maîtres de

---

1 Ecrits autographes, etc. Mémoires, etc., p. 258.

l'Arcadie pour la cinquième fois, la guerre se trouvait comme déclarée entre la France et l'Angleterre, et la traversée devenait d'autant plus périlleuse qu'il n'y avait aucune artillerie ni autres défenses humaines dans le vaisseau. On était à peine au milieu de la route, lorsque le capitaine vint à découvrir quatre navires anglais, dont il estimait que le moindre était de trente-six pièces de canon. Sur-le-champ, il se met à crier : « Ma sœur Bourgeoys, nous sommes perdus ! Mettez-vous en prière avec toutes vos filles. » Mais la plupart, frappées elles-mêmes de terreur et tout éplorées, n'avaient ni le mouvement ni la force de prier Dieu. Dans leur trouble et leur désolation, s'adressant à la sœur Bourgeoys : « Ma sœur, disent-« elles, nous allons être prises ; qu'allons-nous de-« venir ? » La sœur, sans être émue, leur dit d'un air riant : « Si nous sommes prises, nous irons en « Angleterre ou en Hollande, et là nous trouverons « Dieu comme partout ailleurs. » Le calme et la paix qu'elle fit paraître ayant rassuré tout le monde, on se mit en prière, et comme ce jour-là était un dimanche, un prêtre qui était dans le navire, ne laissa pas de se préparer à dire la sainte Messe, quoiqu'on vît ces vaisseaux s'approcher avec un bon vent. Mais en moins de deux heures, on les perdit de vue, en sorte qu'après la sainte Messe on chanta un *Te Deum* en action de grâces. Le capitaine du navire, charmé de la vertu de la sœur Bourgeoys, voulait absolument la faire manger à sa table : ce qu'elle refusa toujours. Il ne lassait pas cependant de lui envoyer ce qu'il avait de meilleur ; et c'était pour elle autant d'occasions d'exercer la charité en faveur des personnes du vaisseau qui pouvaient avoir besoin de ces sortes d'adoucissements [1].

Ce fut le dernier des voyages que la sœur Bourgeoys fit en France. Dans les deux précédents, elle amena avec elle de zélées compagnes, à qui elle sut communiquer son esprit de ferveur. Si dans le troisième elle n'eut pas cette consolation, c'est que Dieu voulait se montrer l'unique soutien d'un institut qui était son ouvrage ; car, dès son retour à Villemarie, elle admit à la profession la sœur Marie Barbier, la première fille de Villemarie qui soit entrée en communauté ; et dans le recensement de l'année suivante nous trouvons les noms de six autres sœurs qui avaient été reçues après elle. Ce furent les sœurs Marie Denis, Madeleine Bourbault, Marie Charly, Françoise Lemoyne, Catherine Charly, Catherine Bony, toutes formées par la sœur Bourgeoys et élevées par elle dès l'âge le plus tendre. Les sœurs de la Congrégation étaient alors au nombre de dix-huit.

Trois ans après le voyage dont nous venons de parler, on eut lieu d'admirer de nouveau les soins

---

1 Vie de la sœur Bourgeoys, 1818. Mémoires, etc., p. 265.

de la bonté divine pour la conservation de cet institut. La maison des sœurs fut consumée par un
furieux incendie, comme nous le dirons dans la
suite ; et cet événement, qui les réduisit au dénûment le plus entier, semblait devoir ruiner leur
société pour toujours. M. de Laval, jugeant que
jamais elles ne pourraient se relever de cette catastrophe, proposa alors à la sœur Bourgeoys de
s'agréger aux Ursulines de Québec. Bien qu'elle
fût très-soumise à ses supérieurs, et que même,
au témoignage de M. Desmaizerets, grand-vicaire
de M. de Laval, la sœur Bourgeoys excellât surtout
en obéissance envers eux, elle crut néanmoins être
obligée, dans cette circonstance, de représenter
avec beaucoup de respect à ce prélat que le bien
qu'elle se proposait de faire avec ses filles n'était
pas compatible avec les règles d'un autre institut,
et notamment avec celles d'une communauté cloîtrée. Que ce serait détruire entièrement les vues
qu'elle croyait lui avoir été inspirées de Dieu. Que
d'ailleurs la très-sainte Vierge, à qui la Congrégation était consacrée, avait souvent montré, par des
marques non équivoques, que cet établissement
lui était très-agréable. Qu'outre l'instruction des
jeunes filles qu'elle se proposait de procurer, elle
avait encore en vue la perfection et le salut de plusieurs vierges chrétiennes qui, sans le secours de
cet institut, ne trouveraient pas moyen de se donner entièrement à Dieu. Qu'on trouvait dans toutes

les conditions des filles recommandables par leurs
vertus et par leurs talents, mais que plusieurs,
peu favorisées des biens de la fortune, et faute de
pouvoir payer une dot qu'on exigeait partout
ailleurs, ne pouvaient être reçues en religion. Que
son intention était d'ouvrir à ces sortes de personnes la porte de la Congrégation ; et qu'elle faisait si peu de cas des richesses, qu'elle irait prendre sur ses épaules une fille qui, n'ayant pas même
de quoi se vêtir, aurait d'ailleurs une bonne volonté
et une vraie vocation. M. de Laval, qui avait toujours
eu une très-grande estime pour la vertu de la sœur
Bourgeoys, et qui songeait alors à se démettre de
ses fonctions en demandant au roi un coadjuteur,
ne crut pas devoir insister, et abandonna l'avenir
de la Congrégation à la divine Providence.

Mais loin que cet incendie dût détourner les
jeunes personnes d'entrer dans la Congrégation,
et procurer ainsi, comme on l'avait craint, la ruine
de cet institut, ce fut surtout après cet accident
qu'on les vit s'y présenter en plus grand nombre.
Car l'année même où M. de Saint-Vallier, succes-
seur de M. de Laval, arriva en Canada et fit sa
première visite à la Congrégation, la sœur Bourgeoys avait déjà reçu en tout plus de quarante
sœurs à qui, dit-elle, je n'ai jamais promis autre
chose que pauvreté et simplicité. Il est à remarquer en effet que, lorsqu'elle donnait l'habit à
quelque fille pour la recevoir dans sa commu-

nauté, elle avait coutume de lui dire plusieurs fois dans cette occasion solennelle : « Ma chère sœur, soyez toujours petite, humble et pauvre. »

« Toute fille qui demande à être reçue dans
« cette communauté, disait-elle à ses postulantes,
« doit se résoudre à quitter les principes du monde.
« Elle doit encore se quitter elle-même, rompre
« son humeur, ses méchantes habitudes et ses
« inclinations : se défaire de l'attachement à ses
« parents, à ses amis et à tout ce qui peut occuper
« inutilement l'esprit. Je lui déclare qu'on pourra
« l'employer aux offices les plus bas; la mettre
« en mission avec une sœur qui sera chargée de la
« contrarier en tout : la faire taire pour faire par-
« ler une petite fille; en un mot, l'humilier et la
« mortifier sans aucun ménagement. Qu'elle crai-
« gne, quand elle sera reçue, d'être infidèle à
« Dieu, à qui elle se sera donnée. Qu'elle obéisse
« promptement en toutes choses aux personnes à
« qui elle se sera soumise. Qu'elle soit pauvre de
« cœur. Que ses paroles, ses gestes, sa démarche
« ne sentent pas la dissipation ni la légèreté; mais
« que partout elle se conduise avec modestie, re-
« tenue et dévotion. Qu'elle mortifie ses sens.
« Qu'elle évite les entretiens qui ne seront pas né-
« cessaires, et qu'elle tâche de marcher toujours
« en la présence de Dieu [1]. »

---

[1] Vie de la sœur Bourgeoys, p. 71-72.

Nous ne l'avons pas oublié, Messieurs, un des premiers motifs qui avaient attiré la sœur Bourgeoys en Canada était le désir de travailler à la conversion des sauvages par l'éducation chrétienne de leurs enfants. Mais pendant plus de vingt ans, son zèle pour leur sanctification était resté comme sans exercice, les sauvages ne venant pas se fixer dans l'île de Montréal : tout ce qu'elle avait pu faire pour eux se bornait à l'éducation de quelques petites filles sauvages, données par leurs parents à M. de Maisonneuve ou à M. de Courcelle.

Mais l'humeur indépendante de ces barbares, leur amour pour la vie libre et errante, les guerres dont le pays n'avait cessé d'être le théâtre, avaient rendu inefficaces tous les mouvements qu'on s'était donnés pour les attirer et les fixer à Montréal.

En 1673, on avait point encore vu de sauvages se fixer dans cette île.

En vain quelques prêtres de Saint-Sulpice étaient allés, en 1668, établir pour les Iroquois une mission sur les bords du lac Ontario. Une expérience de plus de dix années vint prouver que le fruit de ces missions errantes se réduisait presque à rien, et que, pour travailler utilement à la conversion des sauvages, il fallait d'abord les rendre sédentaires. Dans ce but, les ecclésiastiques de Saint-Sulpice commencèrent, en 1676, à la Montagne, un établissement qui, de cette sorte, fut le premier lieu de cette île où, comme le fait remarquer la sœur Bourgeoys, les sauvages vinrent pour être instruits [1].

Dès que M. Tronson eut appris l'établissement de la Montagne, il écrivit de ne rien négliger pour gagner d'abord le cœur des enfants et d'ouvrir pour eux des écoles : « M. de Colbert, disait-il, « approuve extraordinairement votre dessein pour « l'établissement de petites écoles de sauvages ; il « est persuadé qu'on ne saurait rien faire de plus « utile ; c'est une œuvre où il faut s'appliquer tout « de bon, et à quoi il faudra donner tout ce que « l'état de la maison pourra permettre. Ainsi, « n'épargnez rien pour l'instruction de ces en- « fants. Vous voyez combien tout cela vous oblige « à supprimer les missions du lac Ontario que « M. de Colbert croit d'ailleurs être très-peu fruc- « tueuses. Je dînai chez lui, il y a quelques jours, « et il me fit la grâce de me bien écouter sur toutes « nos affaires [2]. »

En conséquence du désir de M. Tronson, les prêtres du séminaire prirent le soin des garçons, et les sœurs de la Congrégation celui des filles, et M. de Colbert, entrant tout à fait dans ses vues, obtint du roi pour les sœurs une gratification an- nuelle de mille livres.

1 Ecrits autographes, etc. Mémoires, etc., p. 273.
2 Lettre à M. de Casson, du 14 mars 1679. Mémoires, etc., pag. 278

9

La sœur Bourgeoys envoya pour l'école des filles deux sœurs de la Congrégation. Telle fut l'origine de la première école ou mission pour les petites sauvagesses, établie dans la Nouvelle-France.

Pour affermir et développer davantage le bienfait de l'éducation chez ces enfants, la sœur Bourgeoys voulut que les sœurs gardassent auprès d'elles, comme pensionnaires, celles qui montraient le plus de dispositions à la vertu, afin qu'étant soustraites par ce moyen à l'influence de leurs parents, elles pussent s'appliquer avec moins d'obstacle aux exercices de la piété, et s'accoutumassent plus aisément à notre manière de vivre. Elle espérait d'ailleurs que ces enfants, étant une fois formées, contribueraient efficacement par leurs bons exemples à aider les sœurs à la formation des autres.

Charmé de ces heureux commencements, M. Tronson écrivait à M. de Belmont, le 30 mai 1681 : « Ce vous est un grand secours d'avoir les filles « de la Congrégation pour instruire les petites « sauvagesses. Pour les mille livres que le roi « leur donne, elles peuvent les employer à l'en- « tretien de leurs pensionnaires, soit que ces en- « fants demeurent à la Montagne, soit qu'elles « restent à Montréal : cette gratification leur étant « accordée en général pour leur donner moyen « de travailler à l'éducation des filles sauvages,

« sans qu'il y ait aucune condition dans le don
« que Sa Majesté leur en a fait. Ainsi, comme
« elles peuvent travailler dans l'un et dans l'autre
« de ces lieux à l'éducation de ces petites sauva-
« gesses, elles peuvent aussi ou partager cette
« somme ou l'appliquer tout entière au lieu où
« elles verront que les besoins sont plus grands [1]. »

Les gouverneurs généraux et les intendants du
Canada ne manquaient pas, dans le séjour qu'ils
faisaient chaque année à Villemarie, de visiter la
mission de la Montagne ; et toujours, dans leurs
dépêches au ministre, ils faisaient l'éloge du zèle
et de l'application des sœurs à instruire les filles
de cette mission. M. de Meulles, qui succéda à
M. Du Chesneau en qualité d'intendant, écrivait
en 1683 à M. de Seignelay, devenu ministre de la
marine depuis la mort de M. de Colbert, son père :
« MM. de Saint-Sulpice ont fait deux classes pour
« instruire les petits sauvages de la Montagne.
« Dans l'une, il n'y a que les garçons qu'ils ins-
« truisent eux-mêmes. Deux filles de la Congré-
« gation sont chargées de la seconde, où sont les
« filles. Elles ont soin de leur enseigner leur
« croyance, de les faire chanter à l'église, de leur
« apprendre à lire, à écrire, à parler français, et
« tout ce qui convient aux filles. Si Sa Majesté

1 Lettre de M. Tronson à M. de Belmont, du 30 mai 1681.
Mémoires, etc., p. 282.

« voulait accorder un petit fonds de cinq à six
« cents livres pour les sauvagesses de la Mon-
« tagne, on pourrait leur apprendre à faire des
« bas à l'aiguille ou du point de France. Elles sont
« naturellement très-adroites. On les mettrait en
« état de gagner quelque chose, et de s'en servir
« pour s'habiller. On pourrait, de ce petit fonds
« de cinq ou six cents livres, leur acheter quel-
« ques petits habits à la française, et les accou-
« tumer à s'en servir. Leurs habits sont ce que je
« leur ai trouvé de plus vilain. Mais on m'a ré-
« pondu à cela qu'on n'avait pas le moyen de leur
« faire la moindre libéralité[1]. »

Jusqu'alors le gouvernement avait placé un
petit nombre de filles sauvages chez les Ursulines
de Québec. Mais quelque soin que ces religieuses
apportassent à les former et à les instruire, elles
avaient la douleur de voir leurs efforts presque
sans résultats. « Les boissons perdent nos pau-
« vres sauvages chrétiens, disait déjà en 1662 la
« mère de l'Incarnation, religieuse ursuline, les
« hommes, les femmes, les garçons et les filles
« mêmes sont adonnés à ce vice. Ils sont pris
« tout aussitôt et deviennent furieux. Il suit de là
« des meurtres, des brutalités monstrueuses et
« inouïes. Nous avons fait voir à nos filles sau-

---

1 *Archives de la Marine, Canada.* Lettre de M. de Meulles,
du 4 novembre 1683.

« vages externes, venant à nos classes, le mal où
« elles se précipitent en suivant l'exemple de
« leurs parents. Depuis, elles n'ont pas remis le
« pied chez nous[1]. » Il paraît que les pensionnaires sauvagesses que les Ursulines élevaient
dans leur couvent ne leur donnaient guère plus
de satisfaction. Du moins, en 1683, M. de Meulles
écrivait à M. de Seignelay : « Rien n'est plus inu-
« tile que de mettre les sauvagesses aux Ursulines,
« parce que l'austérité dont les religieuses font pro-
« fession n'accommode nullement un esprit sau-
« vage. Aussi est-il vrai qu'aussitôt que les sau-
« vagesses sont sorties de chez ces religieuses,
« elles passent d'une extrémité à l'autre[1]. »

M. de Seignelay convaincu, de son côté, que la
vie cloîtrée des Ursulines ne pouvait pas convenir à
ces enfants, résolut de ne confier qu'à la sœur Bourgeoys toutes celles de la mission de la Montagne,
et répondit à M. de Meulles le 10 avril de l'année
suivante que le roi ne voulait pas qu'elles fussent
envoyées à Québec. Pour procurer à la sœur Bourgeoys les moyens de les former, il obtint du roi
non-seulement les cinq cents livres que M. de
Meulles avait demandées, mais encore une nouvelle gratification de deux mille livres, dont mille
pour acheter de la laine et du fil afin d'ap-

1 Archives de la marine, Canada, lettre de M. de Meulles, du
4 novembre 1683.

prendre à ces enfants à filer, à tricoter, à faire du point et autres ouvrages, et mille pour l'entretien des ouvrières qui leur apprendraient ainsi à travailler. Toutes ces sommes devaient être remises à la sœur Bourgeoys pour qu'elle les employât selon sa sagesse. Enfin, M. de Seignelay fit passer, de France en Canada, trois femmes pour apprendre aux filles sauvages de la Montagne à tricoter, et trois autres pour leur apprendre à filer et à faire de la dentelle [1].

Cependant, loin de s'applaudir de la protection qu'elle recevait ainsi du monarque, la sœur Bourgéoys fut alarmée à la vue du fardeau qu'elle allait s'imposer en se chargeant à l'avenir de toutes les petites sauvagesses de cette mission. Elle craignait de n'avoir pas d'autres résultats de leur part que ceux qu'avaient obtenus jusqu'alors les Ursulines.

M. Tronson la rassura par une lettre du 25 mars 1686.

Cette digne fondatrice ne s'était laissée aller d'abord à ces sentiments de crainte que par un effet de sa sincère et profonde humilité. Mais elle comprit bientôt que cette mission, qui lui fournissait enfin la facilité de travailler à la sanctification des filles sauvages, était une œuvre que la Providence avait spécialement réservée à la Congrégation de préférence à toute autre communauté.

1 *Registre des dépêches*, 1683, fol. 19.

Elle vit donc, dans l'invitation qui lui était faite, l'entier accomplissement du dessein qu'avaient formé autrefois les religieuses de Troyes.

En conséquence, elle embrassa cette œuvre avec confiance et ardeur ; et bientôt la bénédiction dont ses travaux furent couronnés justifia pleinement les espérances qu'on avait conçues de son zèle.

L'un des premiers fruits de sa sollicitude à l'égard de toutes ces jeunes sauvagesses, ce fut de leur inspirer l'amour du travail. Elles apprirent à filer la laine, à tricoter les bas, et enfin elles quittèrent leurs couvertures qui, jusqu'alors, avaient été leur unique vêtement et s'habillèrent d'une manière plus décente.

Non-seulement toutes les filles sauvagesses adoptèrent l'usage de nos vêtements et s'appliquèrent aux petits ouvrages qu'on leur apprenait, mais plusieurs embrassèrent avec ferveur les exercices de piété qu'elles voyaient pratiquer à leurs maîtresses et conçurent même le dessein d'entrer dans leur institut, ce qui était encore sans exemple chez les Iroquoises.

M. de Lacroix de Saint-Vallier, nommé à l'évêché de Québec, en remplacement de M. de Laval qui s'était démis de son siége, arriva cette année, 1685, en Canada, en qualité de vicaire général. Il visita l'école des sœurs à la Montagne, et, dans la relation de son voyage qu'il publia peu après, il rendit ainsi compte de l'état de leur mis-

sion : « Les filles de la Congrégation, répandues
en divers endroits de la colonie, ont, surtout dans
la mission de la Montagne, une école d'environ
quarante filles sauvages qu'on habille et qu'on
élève à la française. On leur apprend en même
temps les mystères de la foi, le travail des mains,
le chant et les prières de l'église non-seulement
en leur langue, mais encore dans la nôtre pour
les faire peu à peu à notre air et à nos manières.
On voit plusieurs de ces filles qui, depuis quelques années, ont conçu le dessein de se consacrer
tout-à-fait à Dieu avec les sœurs de la Congrégation, dont elles suivent déjà fidèlement les règles
et les observances. Mais on n'a pas encore jugé à
propos de leur faire contracter aucun engagement
et on ne le leur permettra qu'après les avoir longtemps éprouvées. »

Mais en se consacrant avec ardeur à l'éducation
des sauvages, la sœur Bourgeoys n'oublia pas les
enfants des colons français.

Loin de là, elle établit en leur faveur des missions dans les principales paroisses de l'île, et rien
ne contribua tant au bien des âmes que ces missions.

M. de Meulles, intendant du Canada, et té-
moin des faits étonnants que produisaient les
sœurs missionnaires de la Congrégation partout
où elles étaient répandues, écrivait, en 1683,
au ministre de la marine : « Vous ne sauriez

« croire, Monseigneur, combien les filles de la
« Congrégation font de bien en Canada. Elles ins-
« truisent toutes les jeunes filles de tout côté
« dans la dernière perfection. Si on en pouvait
« disperser en beaucoup d'habitations, elles fe-
« raient un bien infini. Cette sorte de vie est tout
« à fait à estimer, et vaut beaucoup mieux que si
« elles étaient renfermées. Elles sont d'une sagesse
« exemplaire et en état d'aller partout, et, par ce
« moyen, d'instruire toutes les filles qui seraient
« demeurées toute leur vie dans une très-grande
« ignorance. » M. de Saint-Vallier, dans la visite
qu'il fit en qualité de grand vicaire, rendait lui-
même ce témoignage à leur vertu et à leur zèle :
« Outre les petites écoles que les filles de la
« Congrégation tiennent chez elles pour les jeunes
« filles de Montréal, et, outre les pensionnaires
« françaises et sauvages qu'elles élèvent dans une
« grande piété : de la maison de la Congrégation
« sont sorties plusieurs maîtresses d'écoles qui se
« sont répandues dans divers autres endroits de
« la colonie, où elles font des catéchismes aux
« enfants et des conférences très-touchantes et très-
« utiles aux autres personnes de leur sexe qui sont
« plus avancées en âge. Il n'y a point de bien
« qu'elles aient entrepris dont elles ne soient ve-
« nues à bout[1]. »

1 _État présent de la Nouvelle-France_, 1688, in-8°, p. 65-66.

« En formant l'établissement de la Congréga-
« tion, si utile à toute la colonie, la sœur Bour-
« geoys et ses compagnes, écrivait la mère Ju-
« chereau, ont élevé une des plus florissantes
« communautés du Canada, de laquelle la bonne
« odeur se répand dans tout le pays, et qui fait
« un très-grand bien dans les paroisses où elles
« ont des missions qu'elles entretiennent avec
« un soin, une ferveur et une régularité édi-
« fiantes[1]. »

Les privations que les sœurs missionnaires
avaient à endurer pour subsister dans les paroisses
nouvelles où la sœur Marguerite Bourgeoys éta-
blissait des missions, prouvent de quel esprit elle
savait animer ses filles.

Elle nous apprend, en effet, que dans leurs premières missions elles n'avaient ni draps, ni lits,
ni matelas ; qu'elles manquaient de beaucoup
d'ustensiles et ne vivaient pas d'une autre manière que les plus pauvres gens de la campagne ;
qu'enfin, à l'imitation des apôtres, elles travaillaient de leurs mains pour n'être à charge à personne et exercer leurs fonctions gratuitement.
Elle ajoute : « et tout cela réussissait. » Il eut été
difficile, en effet, que Dieu ne versât pas abondamment ses bénédictions sur les travaux de ces
saintes filles uniquement animées du désir de sa

1 *Histoire de l'hôtel-Dieu de Québec.*

gloire et du salut du prochain, et toujours prêtes
à se dévouer aux humiliations, aux privations et
aux souffrances. On peut se former une idée de la
pureté de leurs dispostions et de la ferveur de leur
zèle par les paroles que leur adressait leur admirable fondatrice en les envoyant en mission :
« Pensez, mes chères sœurs, leur disait-elle, pen-
« sez que dans votre mission vous allez ramasser
« les gouttes du sang de Jésus-Christ qui se per-
« dent. Oh ! qu'une sœur qu'on envoie en mission
« sera contente, si elle pense qu'elle y va par
« l'ordre de Dieu et en sa compagnie : si elle
« pense que dans cet emploi elle peut et elle doit
« témoigner sa reconnaissance à celui de qui elle
« a tout reçu ! Oh ! qu'elle ne trouvera rien de
« difficile et de fâcheux ! Elle voudra, au contraire,
« manquer de toutes choses, être méprisée de
« tout le monde, souffrir toutes sortes de tour-
« ments et mourir même dans l'infamie[1]. » Telles
étaient, à la lettre, les dispositions avec lesquelles
ces ferventes missionnaires s'acquittaient de leurs
fonctions, et qu'elles devaient, répétons-nous, à
leur digne institutrice.

Il m'en coûté, Messieurs, de ne pas pouvoir re-
dire ici tout ce que je lis sur ce point dans la vie
que j'abrége autant que je le puis. Il m'en coûte

---

1 Vie de la sœur Bourgeoys, 1818. Vie de la même, par
M. Ransonnet, p. 97.

de passer sur des pages et des faits qui vous atten-
driraient peut-être jusqu'aux larmes.

Mais je ne puis résister au besoin de vous citer
quelques lignes d'une des admirables compagnes
de notre sainte compatriote. Vous me le pardon-
nerez, j'espère, quand vous les aurez entendues.

La sœur Marie Barbier fut envoyée avec une
autre sœur dans l'île d'Orléans. « Avant de partir
« pour l'île d'Orléans, écrit-elle, je voulus faire
« une confession comme pour me préparer à la
« mort, sans penser du tout à ce qui nous man-
« quait pour le temporel. C'était à la saint Martin ;
« il faisait froid comme en hiver, et nous n'avions
« pour nous deux qu'une couverture qui ne va-
« lait presque rien, très-peu de linge, point d'au-
« tres hardes que ce qui pouvait nous couvrir fort
« légèrement. Pour moi, je n'avais qu'une demi-
« robe et du reste à proportion. Nous pensâmes
« geler de froid dans ce voyage, et j'étais parfai-
« tement contente de ce que je commençais à
« souffrir.

« A notre arrivée à Québec, nous ne manquâmes
« pas d'humiliations : tout notre avoir était un
« petit paquet que nous portions fort à l'aise ; on
« se moqua de nous, et nous fûmes fort humi-
« liées de toute manière. On nous demanda où
« étaient nos lits et notre équipage ; quelques-uns
« disaient même que nous mourions de faim chez
« nous, et qu'on nous envoyait chercher fortune

« ailleurs. Nous arrivâmes ainsi à l'île d'Orléans.
« Je pensai mourir ce jour-là, le froid nous ayant
« si vivement saisies que nous croyions être ge-
« lées. Pour mon particulier j'aurais eu de la joie
« de mourir de froid, et je m'appliquai à consoler
« ma compagne qui était demi-morte. Nous souf-
« frîmes beaucoup pendant ce premier hiver. Nous
« aurions dû mourir de froid sans une protection
« particulière de Dieu [1]. »

Comme il n'y avait point dans le lieu de leur ré-
sidence de maison préparée pour les nouvelles
missionnaires, elles furent obligées de loger d'a-
bord chez une veuve et d'y exercer leurs fonctions.

Il y avait dans cette maison plusieurs domes-
tiques, des hommes, des enfants, ce qui en rendait le séjour assez incommode aux sœurs qui ne
purent, pendant tout cet hiver, y faire leurs exercices qu'avec beaucoup de contrariété. « N'étant
« point encore sortie dans le monde, continue la
« sœur Barbier, je me trouvai là comme dans
« un enfer, me voyant obligée d'être continuelle-
« ment parmi des hommes et des femmes et man-
« ger pêle-mêle avec eux. L'église était à plus
« d'un demi-quart de lieue de la maison où nous
« demeurions ; et nous en revenions le plus sou-
« vent toutes mouillées et couvertes de glaçons,

1 Vie de la sœur Marie Barbier.

« sans oser nous approcher du feu à cause du
« monde[1]. »

Un jour que ces deux ferventes missionnaires
revenaient de la sainte Messe par un violent et
cruel vent du nord, accompagné d'une grande
poudrerie qui les empêchait de voir où elles allaient,
la sœur Barbier tomba dans un fossé plein de
neige : « Ma compagne, dit-elle, était bien loin
« devant moi qui n'en pouvait plus. Je ne pouvais
« me retirer de ce fossé, n'ayant plus de force, et
« la neige me couvrant de plus en plus. Alors je
« priai le saint Enfant-Jésus de m'aider, s'il vou-
« lait prolonger ma vie pour sa gloire et pour me
« donner le temps de faire pénitence. J'étais tout
« enfoncée dans la neige, et il ne paraissait plus
« que l'extrémité de ma coiffe. Sa couleur noire
« fit croire à quelques personnes du voisinage que
« c'était une de leurs bêtes qui était tombée dans
« le fossé. Ils y accoururent promptement, et
« m'ayant retirée de là avec peine, ils me laissè-
« rent au bord du fossé, d'où j'eus bien de la diffi-
« culté de me rendre à la maison. Cela joint au
« grand froid et à toutes les incommodités que je
« ressentis durant l'hiver dans cette demeure, me
« fit contracter des infirmités assez considérables.
« Pourvu que Dieu en tire sa gloire et que mon
« orgueil en soit écrasé, j'en suis contente. Les

[1] Vie de la sœur Marie Barbier.

« miséricordes de Dieu à mon égard sont trop
« grandes : depuis ce temps-là, ce n'est que grâce
« sur grâce : qu'il en soit béni éternellement[1] ! »

L'humilité est la vertu des âmes fortes : c'était
à un haut degré celle de la sœur Bourgeoys. Elle
ne voulait pour elle et pour ses filles ni distinc-
tions, ni honneurs. « Nous ne devons, disait-elle,
« recevoir aucun honneur, comme une place dis-
« tinguée, un cierge, un rameau et toute autre
« chose singulière. Le caractère de notre commu-
« nauté doit être la petitesse et l'humilité. » Ayant
remarqué que dans trois églises, probablement
celles de Champlain, de l'île d'Orléans et de Québec, on usait de quelque distinction à l'égard des
sœurs en leur distribuant le pain bénit, son humilité en fut alarmée ; et elle voulut qu'on cessât
cette pratique. « Je dis au prêtre qui célébrait la
« sainte Messe, écrit-elle, que n'étant que de pau-
« vres filles, nous ne devions point recevoir
« d'honneurs particuliers dans l'église. Que s'il
« voulait nous faire la charité d'un morceau de
« pain bénit, le bedeau pourrait le mettre à la sa-
« cristie, et que la sœur sacristine le prendrait là.
« Cet ecclésiastique me répondit que je lui faisais
« plaisir et que ce n'était pas son avis qu'on nous
« le donnât autrement. Un autre, à qui je fis la
« même observation, me dit qu'il avait permis

1 Vie de la sœur Marie Barbier.

« qu'on nous le donnât en cérémonie à cause que
« c'était la coutume ; et le troisième, sans y faire
« réflexion. Lorsque j'étais à Québec, une per-
« sonne nous envoya un coussin de pain bénit en
« cérémonie ; je le reçus, crainte de lui faire de la
« peine ; et après je priai que cela ne se fît
« plus, ce que la personne trouva bon [1]. » Cependant M. de Saint-Vallier, évêque de Québec, ayant
vu à Montréal quel esprit de piété et de ferveur
régnait dans la maison de la Providence où la sœur
Bourgeoys avait réuni, comme nous l'avons dit,
de grandes filles pauvres pour leur apprendre à
travailler et à vivre chrétiennement, ce prélat désira procurer un semblable établissement à sa
ville épiscopale, et jugeant que les sœurs de la
Congrégation, dont Dieu se plaisait à bénir si visiblement toutes les entreprises, étaient seules capables de le former et de lui communiquer le
même esprit, il offrit à la sœur Bourgeoys d'en
prendre la conduite.

Le prélat ne fût point trompé dans son attente ;
car jamais peut-être on ne vit, d'une manière plus
sensible, la bénédiction de Dieu sur une œuvre
qu'on eut lieu de l'admirer dès le commencement
de celle dont nous parlons.

Charmé du succès de l'établissement de la Providence, M. de Saint-Vallier désira que les sœurs

1 Ecrits autographes, etc. Mémoires, etc., p. 527.

de la Congrégation étendissent à toutes les petites filles en général le bienfait de l'éducation, en ou- vrant pour elles à Québec des écoles gratuites, comme elles le faisaient à Villemarie et ailleurs. Elles commencèrent donc en l'année 1688 ce nou- vel établissement. Puis le même prélat, ayant en- core possédé, à Québec, un hôpital à l'instar des hôpitaux généraux de France, écrivit à la sœur Bourgeoys pour la prier de s'en charger.

La sœur y consentit beaucoup plus par obéis- sance que par goût ; et deux de ses sœurs furent préposées au gouvernement de cet établissement où tant de personnes délaissées devaient trouver des ressources assurées contre la misère, et des moyens abondants de sanctification et de salut.

Pour fixer dans sa ville épiscopale les filles de la Congrégation, M. de Saint-Vallier leur donna en propre la maison qu'elles occupaient à la haute ville, en mettant pour condition expresse que si elles venaient à se transporter dans quelque autre quartier, cette maison serait vendue à leur profit, et le prix employé à l'achat du nouvel emplace- ment où elles s'établiraient. Cette maison répon- dait peu aux besoins des sœurs : aussi, profitant de la liberté que M. de Saint-Vallier leur avait laissée de la vendre, elles s'en dessaisirent, et en achetèrent une autre où elles se transportèrent.

Mais de grandes difficultés les y attendaient. A peine y étaient-elles établies, qu'elles se virent me-

11

nacées d'en être expulsées par une personne qui prétendit mettre opposition à la vente qu'on venait de leur en faire ; et, en sortant de là, elles ne trouvaient qu'une pauvre étable pour tout logement.

« Je me suis réjouie d'apprendre que vous alliez
« loger dans une étable, leur écrivait la sœur
« Bourgeoys ; mais en même temps j'ai de la
« peine de savoir le mécontentement que les per-
« sonnes que vous connaissez ont témoigné : car
« j'ai un grand désir de demeurer unie avec tout
« le monde, à cause que Dieu nous commande
« d'aimer notre prochain : c'est ce qui m'a fait
« différer de faire ensaisiner (enregistrer) le contrat
« en question[1]. »

Les sœurs quittèrent enfin la maison et allèrent se loger dans ce triste réduit.

Comme elles ne pouvaient demeurer dans un lieu si incommode, les prêtres du séminaire de Québec, qui dirigeaient les sœurs de cette ville, vendirent la maison que l'évêque, alors absent du Canada, leur avait donnée, et en achetèrent une autre située à la haute ville, près de la cathédrale. Cette acquisition fut pour les sœurs une nouvelle source de mérites par les peines très-sensibles qu'elles en éprouvèrent.

« Nos sœurs avaient eu toutes les peines du
« monde à consentir à cet achat, dit la sœur

---

1 Vie de la sœur Bourgeoys, 1818, p. 129.

« Bourgeoys ; la maison destinée aux écoles étant
« située dans la haute ville, où les Ursulines sont
« déjà établies pour l'instruction des enfants. »
La sœur Bourgeoys en fut plus affectée que personne. Sa charité si attentive à garder toutes sortes
de ménagements envers tous, l'obligeait à les ob-
server, surtout à l'égard des religieuses Ursulines,
auxquelles elle craignait que son voisinage ne fût
à charge. Elle jugeait d'ailleurs que le bien public
demandait que la Congrégation allât se fixer dans
la basse ville pour donner aux enfants de ce quartier la facilité de recevoir le bienfait de l'instruction
gratuite qu'un trop grand éloignement leur aurait
fait négliger, principalement dans la mauvaise
saison. Elle partit donc pour Québec où elle
arriva le 8 mai 1692. « Nous avions, dit-elle,
« vendu la maison de Monseigneur pour deux
« mille cinq cents livres qu'il fallait remployer à
« notre nouvel emplacement, et nous achetons
« notre nouveau logement sept mille cinq cents
« livres. »
Mais le propriétaire qui avait vendu aux sœurs
la maison de la haute ville qu'elles ne devaient
point occuper, mit la vertu de la sœur Bourgeoys
à de rudes épreuves par la rigueur avec laquelle il
exigea le paiement qui lui en était dû, quoique
la sœur fut alors dans l'impossibilité de le
satisfaire. Lorsque MM. du séminaire de Québec
avaient vendu la maison donnée par M. de Saint-

Vallier, et qu'ils avaient acheté celle de la haute
ville, ils avaient eu l'intention de payer cette dernière par le prix de l'autre. Mais par un arrange-
ment assez mal concerté, ils avaient engagé les
sœurs à faire leur dernier paiement avant le temps
où leur acquéreur devait leur faire le sien ; de
sorte qu'à l'échéance, elles se virent dans l'impuissance de payer.

« Arrivée à Québec, dit la sœur Bourgeoys, je
« trouve nos sœurs bien embarrassées ; notre ven-
« deur les avait citées en justice devant M. l'in-
« tendant, et elles faisaient ce qu'elles pouvaient
« pour lui faire attendre le temps où elles de-
« vaient recevoir elles-mêmes leur paiement ;
« mais en vain. Ceux qui s'entremettaient dans
« cette affaire s'avisent que la maison nous avait
« été vendue franche et quitte, et prétendent que,
« s'agissant de la payer, il fallait auparavant affi-
« cher un billet à la porte de l'église pour savoir
« si personne ne s'opposerait à cette vente ; mais
« l'affiche ayant été mise, il ne se trouva point
« d'obstacle. On dit alors qu'on pouvait encore
« différer le paiement sous quelque autre pré-
« texte. Tout cela était pour gagner du temps ; ce
« qui anima fort notre vendeur contre nous, jus-
« qu'à dire qu'il ne pardonnerait pas le tort qu'on
« lui faisait. Je ne pus agréer tout cela, croyant
« d'ailleurs que ce délai était injuste. Il est vrai
« qu'on me dit que je ne m'en mêlerai pas ; mais

« devant Dieu łje me trouve coupable, puisqu'il
« faut que je consente pour mes sœurs. Là dessus
« je parle à M. Desmaizerets et à d'autres pour
« emprunter de l'argent ; je ne trouve que trois
« cents livres qu'on veut me prêter pour un mois :
« ce qui ne peut rien avancer.

« Enfin je ne sais plus que faire : je vais à la
« chapelle de la sainte Vierge des Jésuites, et je me
« jette à ses pieds, sans pouvoir lui faire d'autre
« prière que ces paroles : « sainte Vierge, je n'en
« puis plus. » En sortant, je trouve à la porte
« une personne à qui je n'avais nullement pen-
« sé, qui me demande comment allait notre affaire.
« « Je puis, ajoute-t-il, vous prêter mille livres,
« argent de France, dont vous ne me paierez point
« d'intérêt, et qui peut-être vous demeureront,
« selon que mes affaires réussiront ; n'en parlez à
« personne, vous pouvez vous en servir.» Sans re-
« tourner à la maison, je mande mes sœurs Ur-
« sule et Saint-Ange chez cette personne, où je me
« rends. Là nous faisons une promesse payable à
« sa volonté, et nous recevons les mille livres en
« louis d'or. En sortant de cette maison, je trouve
« notre vendeur et sa femme dans la rue, doux
« comme des agneaux. Je leur offre leur paiement
« et je les mène de ce pas chez le notaire, pour
« tout acquitter et satisfaire à la somme qui leur
« était encore due ; et, ainsi, toute cette affaire fut
« terminée par le secours de la sainte Vierge.

« Quant au paiement dû à M. Hazeur, ma sœur
« Raisin avait signé, l'année d'auparavant, une
« quittance de la gratification de mille livres que
« le roi nous fait, sans avoir pourtant reçu d'ar-
« gent; et ma sœur étant morte sur ces entre-
« faites, nous disputions cette somme. Mais ne
« pouvant pas plaider contre la signature de ma
« sœur Raisin, je tenais cette somme pour perdue,
« lorsque M. de Turmenie entreprit cette affaire,
« et fit connaître à M. le trésorier que ces mille
« livres nous étaient dues. Les voilà donc re-
« trouvées, et je les offre à M. Hazeur, ne doutant
« pas que Notre-Seigneur n'eut fait retrouver cette
« somme pour servir à ce paiement. Car je crois
« que toutes les gratifications du roi et de Québec,
« comme aussi les dons qu'on a faits à la comm-
« nauté ont été pour nous donner moyen de rem-
« plir nos emplois ; et que par conséquent nos
« filles qui vont en mission doivent en être assis-
« tées, aussi bien que celles qui sont à la commu-
« nauté de Villemarie, et que c'est une justice de
« les étendre à toutes. En effet, Monseigneur vou-
« lut qu'on donnât à M. Hazeur les gratifications
« du roi pour achever son paiement. Je crois donc
« que la Providence de Dieu et le secours de la
« sainte Vierge remédièrent à nos besoins pour
« l'établissement de Québec[1]. »

1 Ecrits autographes, etc ; Mémoires, etc., p. 228 et suiv.

Outre la mission de l'île d'Orléans et celle de Québec, la sœur Bourgeoys en forma bientôt une troisième au Château-Richer, puis une quatrième à la Chine, et une cinquième à la Pointe-aux-Trembles et partout elle inspira l'esprit éminemment chrétien dont elle était animée, partout elle fit succéder la civilisation à la barbarie, l'instruction à l'ignorance, la lumière aux ténèbres et la vertu au vice.

Cette vie, Messieurs, cette vie de la sœur Bourgeoys est le plus éloquent pladoyer que je connaisse en faveur de la Providence.

Nous avons déjà vu des preuves nombreuses et éclatantes de cette bonté de Dieu à l'égard de la sœur Bourgeoys et de sa Congrégation. En voici encore quelques-unes.

Pendant une année de disette, la sœur chargée de la boulangerie se voyant réduite un jour à n'avoir plus qu'un minot de farine, et jugeant qu'avec une si petite quantité il était inutile de faire du pain, la sœur Bourgeoys lui dit d'aller à son office et lui promit que Dieu y pourvoirait. Sur cette assurance, la sœur va se mettre à l'ouvrage ; et à son grand étonnement, elle voit la farine augmenter à vue d'œil dans le pétrin, en sorte que cet unique minot donna autant de pain que cinq minots avaient coutume d'en produire.

Dans une autre circonstance où la communauté se voyait sans pain et n'avait de ressources que dans l'arrivée des bâteaux chargés de vivres qu'on attendait à Villemarie, il s'était élevé un vent contraire, qui, selon toutes les apparences, ne devait pas cesser ce jour-là. Cependant il était déjà quatre heures du soir et on manquait de pain pour le souper. La sœur Bonrgeoys sachant l'embarras de la boulangère, lui envoya dire de se mettre en prière et de demander à la sainte Vierge un changement de temps. La boulangère obéit ; et incontinent, le temps venant à changer, il s'éleva un vent qui amena si promptement les barques, que les sœurs eurent tout ce qui leur était nécessaire pour le souper.

Un prodige longtemps subsistant et qui se passait sous les yeux de toute la communauté, c'était de voir qu'on retirât du grenier de la maison beaucoup plus de blé qu'on n'y en mettait. Les sœurs s'étant aperçues que leur supérieure allait quelquefois y prier secrètement ne doutaient pas que cette multiplication ne fût l'effet de ses prières. Un jour elles furent tentées de mesurer la quantité de blé qu'il y avait alors afin de savoir précisément en quoi consistait l'augmentation merveilleuse dont elles avaient des preuves incontestables. Mais la sœur Bourgeoys, ayant eu connaissance de leur dessein, vint les arrêter en leur disant qu'il n'en faudrait pas davantage pour faire cesser les bienfaits de Dieu sur elles.

Une année où le blé était à un prix excessif, la

sœur dépositaire n'ayant pu en acheter que pour un mois, cette quantité suffit néanmoins pour nourrir la communauté pendant quatre mois entiers, prodige qu'elle attribua aux mérites de la sœur Bourgeoys, qui allait chaque jour prier auprès de ce monceau de blé.

Ces faits, Messieurs, racontés cependant par des hommes graves et sérieux, ne seront pas du goût de ceux qui trouvent que nous faisons à Dieu une trop large place dans les affaires de ce monde ; ces faits n'iront pas à ceux qui ne veulent pas que Dieu soit émancipé et qui s'obstinent aveuglément à le tenir en tutelle. Mais nous n'écrivons pas pour ceux qui s'arrogent le droit de mesurer à Dieu son pouvoir et qui ne lui permettent de faire des miracles que par ordre ou avec permission. Cette honorable assemblée ne compte dans son sein aucun de ces esprits qui semblent avoir toujours peur que Dieu soit pour nous trop bon et trop puissant,

M. Ransonnet, un des auteurs qui ont écrit la vie de la sœur Bourgeoys, ajoute, en parlant du dernier trait que nous venons de rapporter : La sœur de qui nous tenons ce fait racontait encore qu'une barrique de vin, après avoir été levée sur le fond, avait fourni pendant trois mois à l'usage ordinaire de la communauté et de l'hopital, et que, quoique ce vin fût fleuri lorsqu'on leva le tonneau, il cessa de l'être ensuite, merveille qu'on attribua avec raison à la bénédiction que la sœur Bourgeoys avait donnée à ce vin. Enfin, comme si Dieu eût voulu montrer qu'il n'assistait ainsi ses servantes qu'à cause de l'impossibilité absolue où elles étaient de se pourvoir d'ailleurs, dès que les bâtiments chargés de vin arrivèrent à Villemarie, la barrique cessa aussitôt de couler.

« ·Une personne digne de foi, ajoute le même écrivain, et qui a demeuré chez les sœurs de la Congrégation dès leur établissement, disait avoir vu un semblable prodige : une année que le vin manquait partout dans le pays, la Congrégation en fournissait au séminaire pour les messes et aux malades de la ville.

« La même personne nous a appris, dit-il encore, qu'un jour le pain manquant pour le dîner, la sœur Bourgeoys, par fidélité au règlement, fit sonner l'examen particulier à l'heure ordinaire et que pendant cet exercice qui a lieu immédiatement avant le dîner, quelqu'un se présenta à la maison et apporta aux sœurs le pain qui leur était nécessaire [1]. »

Ces faits, Messieurs, nous rappellent et le prodige opéré en faveur du prophète Elie et celui que la légende raconte de saint Paul, premier ermite visité par saint Antoine. Celui qui a bien pu opérer

1 Vie de la sœur Bourgeoys, par M. Ransonnet, p. 108, 109 et suiv.

les premiers n'a rien perdu de sa puissance, et il a
pu aussi bien opérer les seconds ; et n'est-il pas dit
de la foi : si vous aviez de la foi comme un grain
de sénevé, vous diriez à cette montagne : « va te
« jeter à la mer, et elle irait s'y jeter. »

Mais ce n'est pas seulement la foi que nous
avons à admirer dans l'héroïque sœur Bourgeoys,
c'est encore, c'est surtout l'esprit de pauvreté et
de renoncement porté à ses dernières limites.

Les sœurs de la Congrégation, désirant d'être
un peu moins à l'étroit et plus commodément lo-
gées qu'elles ne l'étaient dans la première maison
qu'elles avaient fait bâtir, la sœur Bourgeoys avait
consenti, quoique avec peine, à la construction
d'une maison plus spacieuse ; et bien qu'il n'y eut
rien d'excessif dans les dimensions et les proportions de cette maison qui, au contraire, devait
bientôt se trouver insuffisante, bien que rien n'y
sentit le luxe et même l'aisance, néanmoins la
sœur Bourgeoys la regarda depuis comme contraire
à l'esprit de pauvreté et de simplicité, et elle devint pour elle le sujet de vives inquiétudes.

Aussi, cette maison ayant été entièrement consumée par les flammes, et l'incendie ayant dévoré
non-seulement la maison entière, mais encore tous
les meubles qui y étaient, loin de s'en attrister,
elle s'en réjouit. « C'est, disait-elle, une juste puni-
« tion du ciel pour la faiblesse que j'ai eue lorsque
« j'ai consenti, par un sentiment peu conforme à la

« pauvreté, à l'humilité et à la mortification dans
« lesquelles nous devions toujours vivre, qu'on ait
« bâti cette grande maison pour nous mettre à
« l'abri de quelques légères incommodités que
« nous avions à supporter dans notre premier logis
« et duquel nous aurions dû nous contenter. »
Elle ajoute : « Pour moi, j'étais plus joyeuse que
« triste de cet incendie, à cause du sujet pour
« lequel cette grande maison avait été bâtie[1]. »

Mais si la destruction de la maison l'affecta peu,
il n'en fut pas de même, Messieurs, de la perte de
deux de ses sœurs qui périrent dans cet incendie :
l'une était la sœur Geneviève Durosoy, assistante,
et l'autre la sœur Marguerite Soumillard, nièce de
la sœur Bourgeoys. L'embrasement fut même si
subit et si violent, que peu s'en fallut que toutes
les sœurs ne périssent dans les flammes.

Notre sœur Bourgeoys fut bien loin d'être in-
sensible à un pareil malheur. Elle sentit même
plus vivement que personne tout ce qu'il y avait
d'affligeant dans cet événement si lamentable ; et
un esprit moins fort et un cœur moins résigné que
le sien y auraient infailliblement succombé. Elle
regrettait surtout la perte de ses sœurs non pas
tant pour l'affection personnelle qu'elle leur portait, qu'à cause de sa communauté à laquelle elles
étaient si utiles et à cause du bien qu'elles fai-

1 Ecrits autographes, etc. Mémoires, etc., p. 346.

saient et qu'elles auraient fait encore dans l'exercice de leurs fonctions. Elle les pleurait même avec des larmes d'autant plus amères que, comme nous l'avons dit, elle se regardait comme la cause indirecte de ce triste accident.

Il n'y eut personne à Villemarie qui ne fût vivement touché d'un si triste événement ; et tous les amis de la sœur Bourgeoys, en France et à l'étranger, y furent aussi très-sensibles. « L'incendie de la maison des sœurs de la Congrégation, écrivait « M. Tronson, et surtout la perte de deux de leurs « filles, nous ont fait compassion [1]. » M. de Laval, évêque de Québec, écrivait sur le même sujet à M. Dollier de Casson : « J'ai été sensiblement « touché de cet accident, et particulièrement de « la perte des deux sœurs Marguerite et Gene- « viève, enveloppées dans l'incendie. C'étaient « des fruits murs pour le ciel, mais qui étaient « bien nécessaires pour cette communauté. Les « jugements de Dieu sont bien différents de ceux « des hommes ; c'est pourquoi il faut adorer les « secrets de la Providence et s'y soumettre. J'écris « un mot bien à la hâte à la bonne sœur Mar- « guerite Bourgeoys [2]. »

La sœur Bourgeoys, malgré sa profonde humi-

___

1 Lettres de M. Tronson, Canada. Lettre à M. de Casson, du 7 août 1684. Mémoires, etc., p. 349.

2 Archives du séminaire de Villemarie. Lettre de M. de Laval, du 12 janvier 1684.

lité, et nonobstant le déplaisir que lui avait causé
la construction de la maison qui venait d'être réduite en cendres, comprit cependant que, pour se
conformer aux desseins de la divine Providence
sur son institut, elle devait lui procurer une maison assez spacieuse pour qu'il pût remplir ses
fonctions et procurer par là le bien des âmes [1].

Toutefois, après l'incendie, la sœur n'avait aucune espèce de ressource pour entreprendre cette
nouvelle bâtisse. C'était ce que M. le marquis de
Denonville écrivait au ministre en 1684 : « Les
« sœurs de la Congrégation, qui font de grands
« biens à toute la colonie, sous la conduite de la
« sœur Bourgeoys, disait-il, furent incendiées l'an
« passé où elles perdirent tout. Il serait néces-
« saire qu'elles se rétablissent ; mais elles n'ont
« pas le premier sol [2]. » M. Tronson avait cru que
cet accident procurerait aux sœurs quelque gratification de la cour [3] ; elles n'en reçurent que cinq
cents livres [4]. Dieu le voulut sans doute ainsi pour
être reconnu le seul soutien de cette communauté ;
car jamais la cour n'accorda un si faible secours à aucun établissement public pour l'aider

1 Vie de la sœur Bourgeoys, 1818; p. 122.

2 *Archives de la Marine, Canada.* Lettre de M. de Denonville, du 12 novembre 1684.

3 Lettres de M. Tronçon, Canada. Lettre à M. de Casson, du
7 août 1684.

4 Archives de la marine, Canada. Registre des expéditions,
1685, fol. 40.

à se relever après un accident de cette nature.

Se voyant donc privée de toute ressource temporelle, la sœur Bourgeoys mit sa confiance dans le secours de Dieu, et, pour attirer plus sûrement sa bénédiction sur cette nouvelle entreprise dont elle n'espérait le succès que de lui seul, elle fit signer à toutes ses filles un acte bien digne de sa religion et de sa ferveur.

« Nous avons fait un écrit, rapporte-t-elle, par
« lequel nous avons promis à Dieu que si nous
« demandions ce rétablissement, c'était pour être
« plus fidèles que nous ne l'avions été par le passé
« à pratiquer la perfection évangélique[1]. »

Sa confiance ne fut pas vaine, et l'événement montra bientôt que Dieu n'avait permis cet incendie que pour faire paraître d'une manière plus sensible la continuité de ses soins sur cette communauté, car il toucha si puissamment les cœurs en faveur de la Congrégation, que des personnes dévouées à cette œuvre fournirent à la sœur Bourgeoys le moyen de bâtir en pierres une maison plus grande, plus solide et plus régulière que ne l'était l'autre, et qui répondit mieux aux besoins des sœurs, à ceux des écoles externes et du pensionnat : ce que chacun admira et ce que nous devons, Messieurs, justement admirer nous-mêmes comme une marque visible de la bénédic-

---

1 Ecrits autographes, etc. Mémoires, etc., p. 352.

tion de Dieu sur ces saintes filles. Une religieuse de l'hôtel-Dieu de Québec [1] leur rendait ce beau témoignage après l'événement dont nous parlons : « Elles étaient si remplies de confiance en Dieu « qu'elles commencèrent à bâtir n'ayant que qua- « rante sols. Leur espérance ne fut pas trompée ; « car, avec si peu de fonds, la Providence les aida « si bien qu'elles ont élevé une des plus floris- « santes communautés du Canada, dont la bonne « odeur se répand dans tout le pays. » Une autre religieuse encore [2] ajoute de son côté : « Après que la seconde maison, toute de pierre, que les sœurs de la Congrégation avaient bâtie a été consumée par leur incendie, elles en ont édifié une troisième dans une autre place où elles sont aujourd'hui, qui touche d'un côté à notre enclos et nous fait voi- sines. Elle est grande et spacieuse et des mieux bâties de la ville [3]. »

M. de Saint-Vallier, après son arrivée en Canada, ayant visité les sœurs de la Congrégation, à Ville- marie, fut si frappé de la facilité et de la prompti- tude avec laquelle elles s'étaient rétablies après leur incendie qu'il ne put s'empêcher d'en témoi- gner son étonnement dans la relation de son

1 La mère Juchereau. *Histoire de l'hôtel-Dieu de Québec.*

2 La sœur Morin. *Annales de l'hôtel-Dieu Saint-Joseph, à Villemarie.*

3 *État présent de l'Église de la Nouvelle-France,* 1688, in-8°, p. 64-65.

voyage, qu'il publia peu après : « C'est une mer-
« veille, dit-il, qu'elles aient pu subsister, après
« l'accident qui leur arriva, il y a trois ou quatre
« ans : toute leur maison fut brûlée en une nuit ;
« elles ne sauvèrent ni leurs meubles, ni leurs
« habits, trop heureuses de se sauver elles-mêmes ;
« encore y en eut-il deux d'entre elles qui furent
« enveloppées dans les flammes. Le courage de
« celles qui échappèrent les soutint dans leur ex-
« trême pauvreté, et, quoi qu'elles fussent plus
« de trente, la divine Providence pourvut à leurs
« pressantes nécessités. Il semble même que cette
« calamité ne servit qu'à les rendre plus ver-
« tueuses et plus utiles au prochain, car il n'y a
« point de bien qu'elles n'aient entrepris depuis
« ce temps-là[1]. »

On voit ici, Messieurs, comment elles accom-
plissaient le vœu qu'elles avaient fait d'être après
l'incendie plus fidèles qu'elles ne l'avaient été par
le passé à pratiquer la perfection évangélique. On
voit aussi comment, après les avoir fait passer par
le feu, Dieu leur donna le rafraîchissement, *tran-
sivimus, per ignems et eduxisti nos in refrigerium*[2].

Dès que les sœurs de la Congrégation furent établies dans leur nouvelle demeure, la sœur Bourgeoys forma le dessein d'y construire une église ou

---

1. La mère Morin. *Histoire de l'hôtel-Dieu de Québec*, p. 120.
2. Ps. 65-12.

chapelle spacieuse, où elle put posséder le très-
Saint-Sacrement ; et bien qu'elle n'eût rien pour
exécuter son projet au moment où elle le conçut,
néanmoins l'église fut bénite le 6 août 1695.

Évidemment la Providence avait voulu que la
Congrégation de Notre-Dame fût l'instrument de
ses bontés à l'égard de Villemarie. Aussi écarta-t-
elle toujours les autres communautés qui voulurent
s'y établir. Nous avons vu dès le commencement
que les religieuses de la Congrégation de Troyes
en avaient été repoussées. Plus tard les Ursulines
et les Visitandines eurent le même sort ; et, sans
avoir jamais rien fait pour les écarter, la sœur
Bourgeoys resta toujours maîtresse du terrain.
C'est que Dieu la voulait là elle et ses compagnes,
et qu'il n'y voulait qu'elles pour l'éducation des
jeunes filles. Victorieuse sur ce point par la seule
force de Dieu, la sœur Bourgeoys eut bientôt à
traverser d'autres épreuves, à soutenir d'autres
combats, combats au dedans d'abord, Dieu lui
ayant momentanément retiré toutes ces grâces sen-
sibles qui sont la récompense, la consolation et
les délices des âmes pieuses et l'abandonnant à
ces sécheresses, à ces aridités et à ces obscurités
intérieures qui font leur plus cruel tourment, et
qui souvent les pousseraient au désespoir si Dieu
ne les soutenait. Dans cet état, la sœur Bourgeoys
se croyant dans la haine de Dieu, le trouble et la
crainte s'emparent d'elle, elle n'ose plus approcher

des sacrements ; elle n'est plus à ses yeux qu'une réprouvée, surtout quand une sœur qui prenait des visions imaginaires pour des révélations fut venue l'assurer, en vertu de ces prétendues révélations, qu'elle (la sœur Bourgeoys) était en état de damnation et réprouvée de Dieu. « J'ai demeuré, dit-» elle elle-même, cinquante mois dans cet état de « souffrance qu'il est difficile d'exprimer, et cela « me rendit plus triste et moins sociable[1]. »

Dans cette situation, la sœur Bourgeoys, se regardant comme hors d'état de gouverner les autres, renouvela les instances qu'elle avait déjà faites bien des fois pour se démettre de ses fonctions de supérieure.

Mais Dieu montra encore ici, comme il l'avait fait voir toutes les fois qu'il s'était agi de lui donner une remplaçante, qu'il la voulait toujours à la tête de sa communauté. Elle y fut donc maintenue. Le sage M. Tronson, par sa prudence et sa fermeté, dissipa l'orage et ramena la paix.

Ce fut alors que, mue par l'amour de cette paix et de cette union qui est le bien des cœurs, la sœur Bourgeoys forma, entre sa communauté et les religieuses de Saint-Joseph-de-l'Hôtel-Dieu, une alliance spirituelle qui les tint étroitement unies d'esprit et de cœur, et les mit mutuellement en participation des mérites qu'elles acquerraient en

---

1 Ecrits autographes, etc. Mémoires, etc., p. 585.

vaquant chacune aux fonctions propres de leur institut ; et elle rédigea elle-même l'acte de cette association de charité, véritable monument de sagesse et d'esprit chrétien.

Enfin, Messieurs, après la cessation des troubles qui avaient momentanément agité la Congrégation, la sœur Bourgeoys demanda, pour la quatrième ou cinquième fois à donner sa démission. Elle avait alors soixante-treize ans. L'évêque consentit cette fois à sa demande. « Monseigneur, à « qui, trois ans auparavant, j'avais, dit-elle, exposé « mes raisons, me demanda quel sujet j'avais de « me démettre de la supériorité. Je lui répondis « que peut-être Dieu me donnerait quelque temps « de vie et que je pourrais m'entretenir avec la « nouvelle supérieure de tout ce que l'expérience « m'avait fait connaître depuis plus de quarante « ans ; et il approuva mes raisons[1].

En conséquence de cette approbation, la sœur Bourgeoys donna humblement sa démission en septembre 1693. Et elle dit à ses sœurs ces paroles où se révèle toute sa modestie : « Il n'est « plus question de parler de moi que comme « d'une misérable qui, pour n'avoir pas été fidèle « dans l'emploi qui m'avait été si amoureusement « confié, mérite de très-grands châtiments qui « s'augmenteront encore par la peine que mon

[1] Ecrits autographes, etc ; Mémoires, etc., p. 404.

« relâchement vous a fait ressentir. Je vous en
« demande pardon et le secours de vos prières.
« Mettez-y le remède autant qu'il se pourra. Il
« faut changer promptement de supérieure[1]. »

Ce ne fut pas sans peine que les sœurs consen-
tirent, cette fois, à la démission de leur sainte
fondatrice, et tel était le respect que l'on avait pour
elle, telle était la vénération dont elle était l'objet,
que, la démission faite, on laissa passer, avant de
procéder à une autre élection, quelques jours pendant lesquels la sœur Bourgeoys fut à même de
donner le premier exemple de la conduite qu'une
supérieure de la Congrégation doit tenir après sa
démission jusqu'à ce que l'élection lui ait donné
une remplaçante[2].

Le contentement qu'elle éprouva d'avoir donné
sa démission fut si grand et si sincère, qu'elle se
trouva alors délivrée des peines d'esprit si acca-
blantes qu'elle éprouvait depuis plus de quatre
ans, et dont les visions d'une sœur nommée Tardy
avaient été la cause.

Rendant compte de ce bienheureux état : « Dieu,
« disait-elle, me fait la grâce que tous les désirs
« que je sens se terminent doucement[3]. »

Cependant il y avait déjà plus de quarante ans

---

1 Ecrits autographes, etc.; Mémoires, etc., p. 404.
2 Vie de la sœur Bourgeoys, 1818, p. 151.
3 Ibid. Vie de la sœur Bourgeoys, par M. Ransonnet, p. 78.

que la sœur Bourgeoys était établie à Villemarie, et plus de vingt ans que sa communauté avait été érigée par lettres-patentes du roi, sans qu'elle eût pu obtenir encore des évêques de Québec l'approbation de règles propres à son institut.

Quoique manifestement approuvé de Dieu par les fruits qu'il produisait, l'institut de la Congrégation avait cependant paru suspect à plusieurs.

Jusqu'alors on avait vu les vierges consacrées à Dieu suivre quelqu'une des règles approuvées par l'Église et se renfermer dans la clôture de leurs couvents.

Les sœurs de la Congrégation et quelques autres qui parurent en France vers le même temps, vivaient, au contraire, sans clôture, sans vœux de religion, n'assistaient à d'autres offices qu'à ceux de la paroisse, et exerçaient leur zèle partout où le service du prochain les appelait.

On voit par là combien l'institut de la sœur Bourgeoys avait de ressemblance avec celui des filles de la Charité, fondé à peu près à la même époque par saint Vincent de Paul. Celui-ci était pour les besoins physiques et matériels des pauvres, ce que l'autre était pour les besoins intellectuels et moraux des filles du peuple, des filles pauvres et aussi des filles de la classe aisée.

Mais ce genre de vie avait quelque chose de nouveau. C'était une innovation dans les institutions religieuses. Et il excita contre lui les défiances, comme les excite tout ce qui a quelque apparence de nouveauté dans l'église.

D'ailleurs, la pensée fixe de l'autorité épiscopale était d'unir les sœurs de la Congrégation de Notre-Dame aux Ursulines de Québec. Et cette disposition des évêques de Québec ne contribua pas peu aux difficultés diverses que la sœur rencontra dans l'approbation de son institut.

Elle rapporte elle-même les objections qu'on lui faisait, et elle y répond avec une sagesse admirable, qui prouve au plus haut point l'abondance de lumières que Dieu avait mises en elle.

Cependant l'évêque de Québec persistait dans ses vues ; et, en conséquence, pour amener insensiblement la sœur Bourgeoys et ses compagnes à une fusion qu'il désirait ardemment, et que les Ursulines désiraient autant que lui, il voulut les obliger à la clôture et imposer aux sœurs qu'elles recevraient à l'avenir une dot qu'il porta jusqu'à deux mille francs. C'était changer entièrement le but que la sœur Bourgeoys avait eu en instituant sa Congrégation.

Aussi, se voyant très-âgée, considérant d'autre part que sa communauté n'avait point encore pu obtenir de l'autorité épiscopale un corps de règles et craignant que si elle venait à mourir avant que l'on eût donné ce couronnement à son œuvre, on ne profitât de cette circonstance pour l'anéantir en

la réunissant aux Ursulines, ou du moins pour en
changer le but et la forme, elle s'adressa à M. Tronson pour avoir un règlement. Celui-ci lui répondit
en 1694 : « J'ai une estime si particulière de
« votre Congrégation, ma très-chère sœur, que je
« ferai volontiers tout ce qui pourra dépendre de
« moi pour la mettre dans l'état que vous dé-
« sirez. Vous avez très-grande raison de vouloir
« lui donner des règles fixes. »

Cependant l'évêque de Québec, qui tenait toujours à fondre l'institut de la sœur Bourgeoys dans
celui des Ursulines, composa un règlement dans
lequel il fit entrer beaucoup de pratiques en vigueur parmi les Ursulines, afin de les rendre fa-
milières aux filles de la sœur Bourgeoys, et, par
là, d'unir plus aisément dans la suite leur institut à l'autre. Il voulait même déjà leur faire une
obligation de la clôture. Il mit à la tête du règlement auquel il travaillait la règle de saint Au-
gustin qui était au commencement des institutions
des Ursulines, etc., etc., et, au mois de mai 1694,
il se rendit à Villemarie pour notifier ce règlement
aux sœurs de la Congrégation. Mais, en les parcourant, elles furent étonnées de voir qu'on voulut leur imposer beaucoup d'observances nouvelles
dont plusieurs leur semblaient imcompatibles avec
l'esprit de leur institut.

A la demande qu'elles lui firent de pouvoir
conférer entre elles sur ces différents points avant

de les accepter solennellement, l'évêque les menaça de les contraindre, en vertu de son autorité, à accepter ces règles.

Mais elles firent d'humbles remontrances dont l'effet fut d'adoucir M. de Saint-Vallier (c'était le nom de l'évêque de Québec), et il leur déclara que, devant aller en France, il en conférerait avec M. Tronson.

Il le consulta en effet.

M. Tronson, de son côté, soumit ces règlements à l'examen du directeur du séminaire de Paris ; puis il écrivit aux filles de la Congrégation afin de prendre leur avis et de savoir d'elles-mêmes les articles qui ne leur convenaient pas. La sœur Barbier, supérieure, la sœur Bourgeoys et toutes les officières de la communauté lui écrivirent une lettre commune dans laquelle, tout en respectant l'autorité de l'évêque, elles signalèrent au vénérable supérieur de Saint-Sulpice ce qu'il ne leur était pas possible d'accepter eu égard à la nature de leur établissement, à leur genre de vie et aux fonctions de leur institut, et elles y ajoutèrent ce qu'une longue expérience leur avait fait reconnaître pouvoir être plus convenable ou nécessaire pour le bon ordre, le maintien et l'avancement de leur Congrégation.

Nous regrettons de ne pouvoir pas, à cause de sa longueur, transcrire ici toute cette lettre, mais on nous saura gré d'en citer l'alinéa qui concerne

14

la dot à laquelle M. de Saint-Vallier voulait, à l'avenir, soumettre les filles de la Congrégation :

« Nous prions Monseigneur de nous laisser
« dans la même liberté où nous avons été jusqu'à
« présent de recevoir chez nous les filles qui se
« présentent, sans exiger de dot de leur part; notre
« communauté n'est établie, ce nous semble, que
« pour servir d'asile aux pauvres filles du pays
« qui veulent se retirer du monde. Il est vrai que
« notre petite Congrégation est pauvre, mais nous
« avons lieu d'espérer, par l'expérience du passé,
« que cette pauvreté nous attirera les bénédictions
« de Dieu. Nous sommes en possession, depuis
« plus de quarante ans, de faire nos fonctions
« tant dans l'île de Montréal que dans les autres
« lieux du pays, sans être à charge à personne,
« vivant de notre industrie et de notre travail...
« instruisant les filles gratuitement. Quoique jus-
« qu'à présent nous n'ayons reçu que fort peu de
« choses des sujets qui sont entrés chez nous, l'on
« voit par expérience que Dieu a béni notre mai-
« son, au lieu que si nous prenons une dot par
« obligation, cela ne servira qu'à éloigner de notre
« institut les filles pauvres quelque désir et quel-
« que capacité qu'elles auraient[1]. »

Citons encore, on nous en saura gré, de la let-

---

1 Archives de la Congrégation. Lettre autographe des sœurs à M. Tronson. Mémoires, etc., tom. II, p. 33.

tre admirable dans laquelle les sœurs de la Congrégation réfutent les objections faites contre leurs institutions l'article où elles répondent à l'objection concernant les missions qu'elles entreprenaient.

« On nous demande, dit la sœur Bourgeoys,
« pourquoi nous faisons des missions qui nous
« mettent au hasard de beaucoup souffrir et même
« d'être prises, tuées, brûlées par les sauvages.

« Nous répondons que les apôtres sont allés
« dans tous les quartiers du monde pour prêcher
« Jésus-Christ, et qu'à leur exemple nous sommes
« pressées d'aller le faire connaître dans tous les
« lieux de ce pays où nous serons envoyées. Si
« les apôtres ont donné leurs travaux, leur vie et
« tout ce qu'ils pouvaient prétendre en ce monde
« pour faire connaître Dieu, pourquoi les filles de
« la Congrégation ne sacrifieraient-elles pas leur
« santé, leur satisfaction, leur repos et leur vie
« pour l'instruction des filles à la vie chrétienne
« et aux bonnes mœurs ? Notre Seigneur demanda
« à ses apôtres *s'ils boiraient son calice* [1], et on
« demande aux filles de cette communauté si elles
« peuvent embrasser la pauvreté et le mépris.
« Pour pouvoir instruire *gratis,* elles se contentent
« de peu, se privent de tout et vivent partout
« pauvrement. Et, comme les apôtres, elles tra-

· 1 Marc, X, 58.

« vaillent même les nuits pour gagner leur vie
« et n'être à charge à personne. Aussi cette com-
« munauté doit être une image du collége des
« apôtres ; mais je compare le collége apostolique
« à une étoile qui est au firmament et la Congré-
« gation à un brin de neige qui tombe en forme
« d'étoile et qui peut se fondre à la moindre cha-
« leur. C'est pourquoi, pour conserver et augmen-
« ter la grâce de Dieu sur cette communauté, il
« faut donner le manteau à qui veut avoir la robe,
« il faut faire passer la sagesse divine avant la
« prudence humaine. »

Oh ! Messieurs, je n'hésite pas à vous demander
si vous avez jamais rien vu, rien entendu de plus
sublime et par le dévouement et par l'humilité et
par l'esprit de sacrifice ? Et la sœur Bourgeoys n'é-
tait pas, non plus que ses compagnes, de ces âmes
qui ont des théories magnifiques, pleines de no-
blesse et de générosité et dont les actes sont vul-
gaires, prosaïques et entachés du plus abject
égoïsme. La sœur Bourgeoys et ses compagnes
n'étaient pas de ces êtres dont notre grand maître
a dit : « dicunt et non faciunt, de belles paroles
et de vilaines œuvres. Non, partout et toujours
nous avons vu et nous verrons ces admirables
filles, ces héroïques servantes de Dieu mettant
en harmonie leur conduite avec leurs principes,
leurs actes avec leurs croyances.

Outre cette lettre collective, la sœur Bourgeoys

en écrivit une particulière au même M. Tronson, pour lui bien faire connaître le caractère de son institut, dont le but principal était d'honorer la vie voyagère de la très Sainte-Vierge.

Enfin, le 30 octobre 1695, la sœur Bourgeoys écrivit encore à M. Tronson pour insister sur quelques articles qui, dans le projet de règlement de M. de Saint-Vallier, ne lui paraissaient pas s'accorder avec l'esprit de la Congrégation.

Ces lettres de la sœur Bourgeoys édifièrent beaucoup M. Tronson, et lui inspirèrent une nouvelle estime pour cette sainte fondatrice, dont elles lui découvraient de plus en plus les grâces et l'esprit.

Il lui répondit le 7 avril de l'année suivante, 1696 : « Ma bonne sœur, jai vu par vos deux let-« tres de l'année dernière la conduite de la divine « Providence sur vous et la grâce que Notre-Sei-« gneur vous a faite de vouloir se servir de vous « pour établir des filles de la Congrégation à « Montréal. C'est un institut que nous ne saurions « qu'estimer beaucoup, puisqu'il ne peut être que « d'une très-grande édification et très-utile à la « gloire de Dieu. Nous en connaissons les fruits « et nous savons les bénédictions que Dieu y « donne par les choses qu'on nous en mande tous « les ans. Ainsi, nous serons ravis de profiter de « toutes les occasions qui se présenteront pour y « augmenter la ferveur et y conserver toujours le » même esprit.

« J'ai embrassé avec joie celle que vous me
« donnez de parler à Monseigneur de Québec sur
« les constitutions qu'il vous a données. Je lui ai
« exposé vos difficultés, qui me paraissent raison-
« nables, et je crois qu'il y fera attention. Au
« moins il convient déjà qu'il n'a point voulu
« vous faire religieuses ni vous obliger à faire
« des vœux solennels, car ce serait changer en-
« tièrement votre institut ; et il ne tiendra pas à
« moi que vous n'ayez satisfaction sur tout le
« reste[1]. »

Rien ne montre mieux que cette lettre l'estime
singulière que M. Tronson faisait de la sœur Bourgeoys, et son respect profond pour ses vertus éminentes et pour les lumières qu'elle avait reçues de
Dieu à l'égard de son institut.

M. de Saint-Vallier se rendit enfin ; il réforma
les règles qu'il avait d'abord proposées, et il les
adopta aux vues de la fondatrice, au moins quant
aux points essentiels. Et, bien qu'il y eut encore
dans ces règles quelques articles qui ne convin-
sent pas entièrement aux sœurs, néanmoins, le
24 du mois de juin 1698, ces règles furent solennellement acceptées et signées de toute la communauté en la manière suivante :

« Nous acceptons avec toute sorte de respect et
« de soumission les règlements qui nous ont été

---

1 Lettre à la sœur Bourgeoys, du 7 avril 1696.

« donnés par Monseigneur l'illustrissime et révé-
« rendissime évêque de Québec ; et, après les
« avoir lus et examinés plusieurs fois, nous les
« avons jugés très-propres pour le bien de notre
« communauté et sommes dans la résolution de
« les pratiquer avec toute l'exactitude possible.
« En foi de quoi nous avons signé à Montréal, le
« 24 juin 1698[2] »

Le lendemain, toutes les sœurs professes pro-
noncèrent l'une après l'autre les vœux simples de
pauvreté, de chasteté, d'obéissance et d'instruction
des petites filles.

La sœur Bourgeoys pouvait donc dire alors à
Dieu comme Notre-Seigneur le dit à son Père quelques heures seulement avant sa mort : « J'ai
« achevé l'œuvre que vous m'avez donnée à faire,
« *opus consummavi quod dedisti mihi.* » Elle voyait
l'accomplissement de ses désirs dans l'approbation
solennelle de son institut ; et, semblable au saint
vieillard Siméon, elle n'avait plus rien à désirer
sur la terre.

Après qu'elle en eut témoigné à Dieu sa juste
et vive reconnaissance, elle se prosterna humblement aux pieds de M. de Saint-Vallier, en présence
de toutes ses sœurs, et le pria instamment de lui
accorder une grâce : ce fut de pouvoir passer le
reste de sa vie dans l'obéissance et d'être exclue

2 Vie de la sœur Marie Barbier.

pour toujours de toute voix passive dans les élections, comme aussi de toute charge dans la communauté. Touché de son humilité, le prélat voulut bien accéder à sa demande, à condition, cependant, qu'elle aurait toujours voix active dans les élections.

La nouvelle supérieure, la sœur du Saint-Esprit, ayant écrit à M. Tronson et pour lui faire part de son élection et pour le remercier des peines qu'il avait prises au sujet des règles, M. Tronson lui répondait le 30 mars 1699 : « J'ai reçu votre lettre
« du mois d'octobre qui m'apprend que Monsei-
« gneur de Québec vous a fait faire des vœux sim-
« ples et vous a donné des règles que vous avez
« reçues avec plaisir, et dont vous êtes toutes bien
« contentes ; et vous me mandez que je n'y ai pas
« peu contribué. J'en suis bien aise pour l'amour
« de vous, et je loue Dieu de ce qu'il s'est bien
« voulu servir de moi pour rendre ce bon office à
« votre communauté, que j'aime et que j'estime.

« Si je n'écrivis pas l'année dernière à aucune de
« vous, ce n'est pas faute de bonne volonté. Il
« fallait que je fusse incommodé dans ce temps-
« là, comme je le suis toujours et souvent à ne
« pouvoir écrire. Je manque, malgré moi, à faire
« des réponses, ce qui me mortifie aussi bien que
« ceux qui les attendent. Mais il faut tâcher de
« faire un bon usage de ces privations par une
« soumission parfaite à la Providence. Je salue la

« sœur Bourgeoys et me recommande bien à vos
« prières, aux siennes et à celles de toute la
« communauté[1]. »

Les événements, Messieurs, nous ont amenés
aux dernières années de la sœur Bourgeoys. Elle
semblait avoir accompli les desseins de Dieu sur
elle en fondant l'institut de la Congrégation. Sa
communauté était formée et en pleine vigueur ;
une maison convenable avait été construite, diverses missions étaient établies, les règles venaient d'être solennellement approuvées et acceptées. Il semble qu'il ne manquait plus rien à cette
œuvre, et que sa fondatrice n'avait plus qu'à aller
recevoir cette *couronne de justice* que l'apôtre, arrivé aussi à la fin de sa course, entrevoyait et espérait comme la récompense de sa foi et de ses
travaux pour la gloire de Dieu[2].

Mais, comme le Saint-Esprit avait inspiré à ce
même saint Paul d'écrire, avant de mourir, ce
qu'il avait fait pour Jésus-Christ son maître, ainsi
inspira-t-il à notre admirable sœur d'écrire pour
l'édification de sa communauté et pour l'avantage
des âmes pieuses qui les liraient, les grâces singulières dont Dieu l'avait prévenue dès son enfance
pour l'appeler à la perfection, toutes les circonstances de sa vocation pour le Canada, la manière

1 Lettre à la supérieure de la Congrégation, du 30 mars 1699.
2 II Tim., IV, 8.

dont elle connut M. de Maisonneuve ; son premier
voyage à Paris et de là à Montréal, le commencement de ses écoles, son second voyage en France,
et la bénédiction que Dieu répandit sur toutes les
démarches qu'elle fit pour s'associer ses premières
compagnes ; la manière dont elle vivait à Villemarie : son troisième voyage en France et, en un
mot, à peu près tout ce que nous avons dit d'elle ;
car elle a été à elle-même sa première historienne,
non par vanité, mais, comme elle le dit elle-même,
pour *la pure gloire de Dieu.*

Les écrits qu'elle composait ainsi à la fin de sa
course et dans ses deux dernières années étaient,
en outre, comme le testament spirituel qu'elle se
hâtait de laisser à ses filles, afin de leur léguer
son esprit.

Ses écrits autographes n'étaient donc pas seulement le récit de sa vie, mais encore un cours
d'instructions et de leçons pour ses compagnes.
Rien de plus beau non plus, rien de plus touchant
que les prières qu'elle y adresse à Dieu et à la
Sainte-Vierge pour sa communauté. Quelle admirable humilité ! quel détachement héroïque !
quelle confiance en Dieu ! Tout serait à citer si
l'on citait tout ce qui le mérite.

Mais la mort, qui est *la fin de toute chair* en ce
monde, approchait pour la sœur Bourgeoys. A
l'âge de 79 ans, elle eut une grande maladie qui
lui donna d'abord l'espoir de voir bientôt la fin

de son exil en ce monde. Mais elle guérit par l'effet des prières ferventes que ses filles avaient faites pour obtenir de Dieu qu'elle leur fût encore conservée.

Cependant cette guérison ne fut pas de longue durée.

La nuit qui précéda le 1ᵉʳ janvier 1700, une des sœurs de la communauté, la maîtresse des novices, malade à l'infirmerie et qui déjà avait reçu les derniers sacrements, éprouva une violente crise qu'on regarda comme l'annonce de sa mort prochaine. Effrayées du danger, les sœurs qui la veillaient coururent de toutes parts dans la communauté pour annoncer aux autres cette triste nouvelle et les inviter à assister aux prières qu'on allait faire pour la mourante.

Lorsque la sœur Bourgeoys apprit que la sœur Saint-Ange (c'était le nom de la malade) était à l'extrémité, elle poussa un grand soupir qu'elle accompagna d'une courte, mais fervente prière. « Ah ! mon Dieu, s'écria-t-elle, que ne me pre- « nez-vous, moi qui suis inutile à tout dans cette « maison plutôt que cette pauvre sœur qui peut « encore y rendre de grands services ! »

Dieu l'exauça à l'heure même ; car la malade commença à se trouver mieux dès ce moment, et fut bientôt tout-à-fait hors de danger ; tandis que sur le soir du même jour, la sœur Bourgeoys, auparavant pleine de santé, malgré son grand âge, se sentit atteinte d'une forte fièvre, accompagnée de douleurs très-aiguës qui ne lui laissèrent presque aucun relâche, les douze jours qu'elle vécut encore.

Elle fut pendant ces douze jours ce qu'elle avait toujours été.

Au milieu des vives douleurs qu'elle éprouvait et qui arrachaient quelquefois à la nature accablée des cris involontaires, on ne l'entendit jamais ni murmurer ni se plaindre. Elle recevait sans réplique tout ce qu'il plaisait au médecin de lui ordonner ou aux sœurs qui la servaient de lui présenter pour son soulagement, malgré la répugnance qu'elle éprouvait pour ces sortes de remèdes, et l'expérience qu'elle avait qu'ils ne servaient qu'à la faire souffrir de plus en plus. C'était ce qu'elle désirait avec ardeur, car, dans sa maladie même, elle cherchait à augmenter ses douleurs par des positions gênantes. L'infirmière ayant remarqué cette industrie de sa mortification, elle en reprit la sainte malade, et alors la mortification céda à l'obéissance ou plutôt, au lieu de mortifier son corps, elle mortifia sa volonté. Semblable au saint homme Job, elle bénissait continuellement le seigneur. C'était surtout dans ses crises que les transports de son amour pour Dieu éclataient par des aspirations en forme de cantiques de louanges. Elle en chantait souvent elle-même et invitait les sœurs qui étaient auprès d'elle à chanter ceux

qu'elle leur suggérait comme les plus propres à
entretenir dans son cœur le goût de la céleste patrie et les désirs les plus ardents d'y arriver bientôt. Jusqu'au dernier moment elle s'occupa des
intérêts matériels et spirituels de sa chère communauté. Enfin, pendant les douze jours que dura
sa dernière maladie, elle ne cessa de faire admirer sa mortification, son obéissance, sa soumission aux volontés de Dieu et le désir ardent qu'elle
éprouvait de se réunir à lui.

Ce fut dans ces sentiments qu'elle reçut les
derniers sacrements, et qu'enfin, le douzième
jour, étant tombée le matin dans une douce ago-
nie qui dura trois heures, et ayant les mains mo-
destement croisées sur sa poitrine, elle rendit pai-
siblement son âme à Dieu, le 12 janvier 1700, la
quarante-septième année depuis son arrivée à
Villemarie, et de son âge la quatre-vingtième.

Elle n'eut pas plutôt rendu le dernier soupir que
son visage, jusqu'alors extraordinairement altéré
par l'excès des souffrances de cette dernière maladie et par ses austérités habituelles, brilla tout-
à-coup d'un éclat qu'on prit avec raison pour un
indice de la gloire dont son âme jouissait déjà dans
le ciel.

Le corps ayant été ensuite exposé dans l'église
des sœurs, on y vit un concours considérable de
personnes de toute condition de la ville et de la
campagne. Chacun témoignait le plus vif empres-

sement pour avoir de ses reliques ou quelque chose qui lui eût appartenu ou au moins pour faire toucher à son corps des chapelets, des médailles ou d'autres semblables objets de dévotion.

L'inhumation de ce saint corps donna lieu, entre le séminaire et la Congrégation, à une contestation qui prouve au plus haut point la vénération dont la défunte était l'objet. La Congrégation et le séminaire disputaient à qui aurait le dépôt d'une si précieuse dépouille, et l'autorité concilia tout en prononçant que le corps serait enterré dans l'église paroissiale de Villemarie qui était desservie par les Sulpiciens, et que le cœur serait placé dans l'église de la Congrégation.

En conséquence, le lendemain, 13 janvier, les obsèques furent célébrées à la paroisse. Il y eut un concours dont on n'avait point vu jusqu'alors d'exemple à Villemarie, tant pour l'affluence des fidèles que pour les sentiments d'estime et de vénération que tout le monde témoignait à l'égard de la défunte.

Le gouverneur général du Canada, le gouverneur général de Villemarie et toutes les autres personnes de mérite et de distinction se firent un devoir d'honorer les obsèques de leur présence. Tout le clergé et tous les religieux de la ville et des environs se trouvèrent aussi réunis ce jour-là dans l'église paroissiale. Jamais on n'y avait vu un si grand nombre de prêtres. M. Dollier de Cas-

son, grand vicaire du diocèse et supérieur du séminaire, qui était alors âgé de quatre-vingts ans, et
qui avait eu des rapports si intimes avec la sœur
Bourgeoys et l'avait toujours honorée comme l'un
des plus rares présents que la bonté divine eut faits
au Canada, prononça lui-même l'oraison funèbre
de la défunte. Il s'étendit sur les vertus qu'elle
avait fait paraître dans sa vie admirable, et exhorta
les sœurs de la Congrégation à la faire revivre chacune en particulier et toutes ensemble dans leur
communauté.

Enfin, la sœur Bourgeoys qui, comme nous
l'avons dit, était née à Troyes, en 1620, sous l'épiscopat de Monseigneur René de Breslay, évèque
de cette ville, fut, par une remarquable coïncidence,
enterrée à Villemarie le 13 janvier 1700, sous la
présidence de M. René de Breslay, prêtre du séminaire, petit-neveu du précédent, et qui était alors
chargé, à Villemarie, des fonctions curiales.

Disons, en terminant, qu'un ecclésiastique distingué du pays, écrivant ce jour-là même les circonstances de cette touchante cérémonie à l'un de
ses amis de France, lui disait : « Il n'y a jamais
« eu tant de prêtres ni tant de religieux dans l'é
« glise de Montréal qu'il en est venu ce matin aux
« obsèques de la sœur Bourgeoys. Le concours du
« peuple a été extraordinaire ; et si les saints se
« canonisaient comme autrefois, on dirait demain
« la messe de sainte Marguerite du Canada. »

Messieurs, avant d'esquisser le portrait de la femme accomplie telle qu'il se la représente, le sage s'écrie : « Qui trouvera une femme forte ? « Elle est rare et plus précieuse que les perles « qu'on apporte des extrémités du monde[1]. »

Messieurs, ne venons-nous pas de la voir, de l'admirer cette femme forte dans la sainte et illustre compatriote dont je viens de vous dire sommairement la vie ? Quelle femme mérita jamais plus que notre sœur Bourgeoys la qualification de femme forte ? Ne croirait-on pas que c'est pour elle qu'a été écrite cette parole que Salomon dit de la femme dont il nous trace le portrait : la force est son vêtement, *fortitudo indumentum ejus.* La force, l'énergie est la vertu des grandes âmes. Et n'a-t-elle pas été éminemment celle de Marguerite Bourgeoys ? N'est-elle pas, en effet, la femme forte quand, bravant tout respect humain, elle sort des rangs d'une procession et se jette, son cierge à la main, devant l'image de Notre-Dame-*du-Beau-Portail?* Et n'est-elle pas la femme forte, quand elle renonce pour toujours à ces parures mondaines qu'elle avait aimées jusqu'alors ? N'est-elle pas la femme forte quand elle se détermine à aller seule de son pays, seule de son sexe, à deux mille lieues de Troyes porter la foi et l'instruction à des

---

1 *Mulierem fortem quis inveniet? Procul et de ultimis finibus pretium ejus.* Prov., 31, 10.

peuples anthropophages ? N'est-elle pas la femme forte quand, pour répondre à cette sublime vocation, elle résiste à toutes les instances de ses parents et amis ? N'est-elle pas la femme forte lorsque, dans ses trois voyages de France en Canada et de Canada en France, elle triomphe de tout, des humiliations, des privations de toutes sortes, des fatigues, des contre-temps de toute nature ? N'est-elle pas la femme forte quand elle voit sans sourciller la disette, les flammes, l'esprit d'illusion et d'erreur éprouver tour à tour sa communauté ? N'est-elle pas la femme forte quand elle résiste énergiquement à toutes les modifications qui auraient eu pour effet de détruire le but et de changer la fin de son institution ? N'est-elle pas la femme forte quand, après avoir été tout dans sa communauté, elle demande jusqu'à cinq fois à n'y être plus rien ?

Messieurs, la vie de la sœur Bourgeoys a été trop longue (quatre-vingts ans !) et surtout elle a été trop remplie de faits et de vertus à signaler pour pouvoir vous être racontée tout entière.

Vous ne m'avez déjà accordé que trop de temps, vu les nombreuses matières qui doivent vous occuper. Ce temps, Messieurs, je le regretterais si mon sujet n'avait pas été aussi intéressant qu'il l'était. Mais il méritait votre attention ; aussi est-ce à lui et à lui seul que j'attribue la bienveillance avec laquelle vous m'avez écouté.

Je finis donc, Messieurs, mais avant de finir, permettez-moi de vous dire que Troyes est aujourd'hui bienheureuse. Autrefois, elle a eu ses *grands jours* restés fameux dans nos annales. La science lui donne aujourd'hui d'autres *grands jours* dont on ne parlera pas moins dans l'histoire que des premiers, que de ceux que nous avons dus aux institutions politiques du moyen âge. Aujourd'hui vous tenez à Troyes les grandes assises de la science, et vous en êtes les jurés. Eh bien, Messieurs, c'est dans ces grands jours, c'est dans ces solennelles assises, c'est devant ce jury de la science, de la littérature, des belles-lettres, de l'histoire et des arts que j'aurai eu l'insigne honneur de raconter en partie une des plus belles vies, une des plus nobles existences que Dieu ait vues du haut du ciel.

La vie de la sœur Bourgeoys est, Messieurs, une réponse, une réponse péremptoire, une réponse invincible, une réponse irréfutable à un de ces ouvrages que, depuis quelque temps, l'ennemi de tout bien lance comme des bombes incendiaires contre cette citadelle de la société, contre ce rempart salutaire des peuples et des rois qu'on appelle l'Église.

La religieuse, Messieurs, *la vraie religieuse* n'est pas plus celle du mauvais roman auquel je fais allusion et dont l'affiche salit les murs de cet hôtel de ville qu'Agrippine n'est le type de la mère, de

la vraie mère, et Messaline le type de l'épouse, de
la véritable épouse. Mais *la religieuse,* telle qu'elle
est partout dans nos cloîtres, dans nos couvents,
dans nos salles d'asile et dans nos hôpitaux, *la religieuse* telle qu'elle est sous la quimpe ou le voile
des Ursulines, des Augustines, des Carmélites, des
sœurs de la Providence, du Bon-Secours, de la Vi-
sitation, du Sacré-Cœur et de Saint-Vincent-de-
Paul, vous l'avez vue et admirée dans la vie dont
vous venez d'entendre le récit. Oui, Messieurs, oui,
voilà *la religieuse* telle qu'elle est partout dans
l'Église catholique, *la religieuse* telle qu'elle était
du temps de la sœur Bourgeoys, telle qu'elle est
de nos jours et telle qu'elle sera toujours ; voilà,
Messieurs, *la religieuse* telle que vous la connaissez
et telle que vous l'honorez dans la personne de
vos tantes, de vos sœurs, de vos nièces vouées à
Dieu sous un nom ou sous un autre, sous un costume ou sous un autre.

Quant à l'admirable sœur dont je vous ai entre-
tenus, vous voyez, Messieurs, ce qu'elle a été ; et
si je voulais maintenant lui donner des louanges,
je resterais certainement au-dessous de votre admiration. Aucun livre n'est plus intéressant que son
histoire écrite déjà par trois auteurs. La sœur Marguerite Bourgeoys est le plus beau modèle qu'on
puisse proposer à l'admiration et surtout à l'imitation des filles et des femmes chrétiennes, consacrées ou non au Seigneur, vouées ou non aux pra-

tiques de la vie religieuse, cloîtrées ou non, vivant ou non dans le siècle, sans appartenir au siècle, et servant Dieu comme le servent les filles et les femmes d'élite.

Oui, Messieurs, oui, à tous les points de vue, la sœur Bourgeoys a été une femme supérieure, une femme exceptionnelle, une de ces femmes dont l'esprit saint a dit : « Elle brille parmi les « autres femmes, comme le lis au milieu des épines[1]. »

Aussi, Messieurs, la ville qui l'a vue naître ferait, à mon avis, un acte de justice qui l'honorerait elle-même en élevant un monument à cette sublime héroïne de la charité chrétienne, ou du moins en donnant son nom à une de ces rues dont le nom est insignifiant, voir même grotesque. Je ne sais si c'est là bien exactement le texte.

Ce serait, pour la ville de Troyes, retirer de l'océan de l'oubli cette perle précieuse ; ce serait mettre en relief une des gloires les plus pures de la cité troyenne, un des plus beaux modèles du sexe qu'elle a honoré, une de ces femmes, enfin, auxquelles on pourra toujours dire comme les juifs à l'héroïne de Béthulie : « Vous êtes l'hon- « neur et la gloire de notre pays, car vous avez « déployé une mâle énergie et une grande force « d'âme ; aussi la main de Dieu vous a fortifiée et

---

1 Cant. II, 2.

« votre louange ne sortira pas de la bouche des
« hommes [1]. »

---

1 *Tu honorificentia populi nostri, quia fecisti viriliter et
confortatum est cor tuum... ideò et manus Domini confortavit
te et ideò eris benedicta in æternum... ut non recedat laus tua
de ore hominum,* Judith.

SUPPLÉMENT

A L'ÉLOGE HISTORIQUE

DE

LA SŒUR MARGUERITE BOURGEOYS.

On juge surtout d'un arbre par ses fruits.

Pour mieux faire connaître encore et apprécier la sœur Bourgeoys, il nous a paru bon de faire suivre son *Éloge* de quelques articles biographiques concernant quelques saintes filles de la Congrégation de Notre-Dame de Villemarie.

Commençons par Mlle Le Ber, qui n'appartint pas précisément à cette Congrégation, mais qui s'y attacha comme nous allons le dire.

Mlle JEANNE LE BER.

Tandis que la sœur Bourgeoys édifiait le Canada par l'exemple de ses vertus, il y avait à Montréal une très-sainte fille qui vivait en grande odeur de vertu. C'était Jeanne Le Ber, fille de

M. Jacques Le Ber, le plus riche négociant du Canada. Elle n'eut pas plutôt appris le dessein qu'avait la sœur Bourgeoys de construire une église dans l'enclos de la Congrégation, qu'elle offrit de lui avancer la plus grande partie de la somme nécessaire à cette construction ; et son frère, M. Pierre Le Ber, promit, de son côté, de donner toute la pierre de taille qui serait employée aux croisées de l'église.

Mlle Le Ber fut une de ses âmes d'élite que Dieu se plut à donner à Villemarie pour retracer, dans cette colonie naissante, les mœurs et la perfection des premiers chrétiens.

Après avoir reçu son éducation chez les Ursulines de Québec, à peine revenue dans la maison de ses parents, elle fréquenta les sœurs de la Congrégation, dont la ferveur était comme un parfum qui fortifiait et embaumait son âme ; car, l'air de sainteté qu'on semblait respirer dans cette maison, les vertus éminentes de la fondatrice, le nom même de Congrégation de Notre-Dame, attiraient suavement et fortement le cœur de Mlle Le Ber aux pratiques les plus sublimes de la vie parfaite.

Dès sa dix-septième année, elle fit vœu de chasteté pour l'espace de cinq ans ; et du consentement de M. Le Ber, son père, elle exécuta le dessein qu'elle avait formé, de vivre retirée dans sa maison, à l'imitation des anciennes recluses. Là, elle était toujours enfermée dans sa cellule, sans avoir de rapport qu'avec la personne chargée de lui apporter à manger, partageant son temps entre la prière, la lecture et le travail, et se livrant à toutes les rigueurs de la pénitence[1]. Le 5 août 1691, son frère Jean Le Ber Duchesne, âgé d'environ vingt-trois ans, qui commandait un détachement, fut blessé par les Anglais au combat de la prairie de la Madeleine[2], et mourut fort chrétiennement quelques jours après dans la maison de son père[3]. La sœur Bourgeoys, accompagnée de la sœur Barbier, s'empressa de se rendre dans cette maison éplorée, pour compatir à la douleur des parents et pour ensevelir le corps du défunt, selon la pratique qu'elle avait toujours observée dans ces sortes de rencontres. Mlle Le Ber parut alors un moment devant les deux sœurs, leur mit entre les mains ce qui était nécessaire pour ensevelir le corps de son frère, et, sans leur dire un mot, elle se retira incontinent dans sa cellule pour prier, laissant ainsi remplies d'étonnement et d'édification la sœur Bourgeoys et sa compagne, qui ne pouvaient se lasser d'admirer tant de fidélité à Dieu et tant de constance dans une pareille occasion[4].

1 Éloges de quelques personnes, etc.
2 Registres de la paroisse de Villemarie.
3 Archives de la marine, Canada, 2 septembre 1791.
4 Vie de Mlle Le Ber. Mémoires, etc., p. 559.

En offrant de contribuer à la bâtisse de l'église de la Congrégation, Mlle Le Ber ne se proposait pas séulement de procurer par là à la sœur Bourgeoys et à ses filles le bonheur qu'elles désiraient si ardemment d'avoir une église ; elle avait encore en vue de se donner à elle-même la facilité de pouvoir répandre son cœur devant Jésus-Christ au saint Tabernacle, en ménageant, dans la construction de ce bâtiment, une cellule où elle désirait de demeurer recluse le reste de ses jours. Lorsqu'elle se fût renfermée dans la maison de son père, elle n'en sortait, au commencement, que pour les offices de la paroisse ; mais, comme son amour pour la solitude souffrait encore beaucoup de ces sorties, elle obtint ensuite de ne quitter sa retraite que pour la sainte messe, même les jours des plus grandes solennités, et de passer le reste de la journée dans sa cellule, occupée aux exercices qui lui étaient prescrits. Par là elle se privait de la jouissance si douce pour son cœur de visiter Notre-Seigneur au très-saint Sacrement ; et comme elle sentait vivement cette privation, elle fut ravie de contribuer à la construction de l'église des sœurs, où elle pourrait goûter sans cesse cette jouissance. Elle désira donc que, dans le fond de l'église et derrière l'autel, on réservât pour son propre usage un petit espace divisé dans sa hauteur en trois étages, avec un petit guichet au rez-de-chaussée, destiné à lui servir de grille pour la confession, et où elle put recevoir la sainte Eucharistie. Le plan de l'église ayant ainsi été arrêté, on en commença la construction vers la fin de l'année 1693, et en en moins de deux ans elle fut entièrement achevée [1].

Dès qu'elle le fut, Mlle Le Ber quitta la maison de son père et alla se renfermer dans la cellule qui devait être son tombeau.

La veille du jour où eut lieu cette cérémonie, elle abandonna aux sœurs toutes les sommes qu'elle leur avait avancées pour la construction de leur église, et leur assura encore une rente de cinq cents livres pour sa pension et pour celle d'une de ses parentes qui devait lui rendre les services les plus indispensables.

La cérémonie de la réclusion eut lieu un vendredi, 5 août 1695, fête de Notre-Dame-des-Neiges, vers cinq heures du soir [2], et fut accompagnée de l'appareil le plus propre à faire dans les cœurs de profondes impressions.

Après les vêpres, M. Dollier, en qualité de grand vicaire, l'évêque étant alors absent, se rendit avec tout le clergé à la maison de M. Le Ber, d'où l'on partit processionnellement, en chantant des

---

1 Vie de Mlle Le Ber. Mémoires, etc., p. 360.

2 *Eloges de quelques personnes mortes en odeur de sainteté*, par M. de Belmont. — *Ecrits autographes de la sœur Bourgeoys.* — *Acte de la cérémonie de la réclusion de Mlle Le Ber*, par M. Dollier.

psaumes et d'autres prières convenables à la circonstance. Mlle Le Ber, vêtue d'une robe de couleur grise, avec une ceinture noire, suivie de son vertueux père et d'un grand nombre de parents et d'amis, invités à cette cérémonie, marchait à la suite du clergé, et à la vue de toute la ville accourue en foule. Un spectacle si rare et si nouveau tira les larmes des yeux des assistants. M. Le Ber, qui avait offert cinquante mille écus de dot à sa fille, si elle eût voulu s'établir dans le monde, fit paraître, dans cette occasion, toute la générosité de sa foi en se privant ainsi de celle qui semblait devoir être le soutien et la consolation de sa vieillesse. Mais, lorsqu'on fut arrivé à l'église des sœurs, les émotions que lui faisait éprouver la tendresse paternelle devinrent si vives et si pressantes, qu'il fut contraint de se retirer, sans assister à la cérémonie de la réclusion [1].

M. Dollier bénit la petite chambre de la recluse, et, assisté de tout le clergé et des sœurs de la Congrégation, il fit à Mlle Le Ber une courte allocution qu'elle écouta à deux genoux. Après quoi, pendant qu'on chantait les litanies de la Sainte-Vierge, il la conduisit à ce petit appartement, où elle s'enferma elle-même. « J'ai été bien réjouie, dit la « sœur Bourgeoys dans ses *Mémoires,* le jour que « Mlle Le Ber est entrée dans cette maison en qua-

---

1 *Vie de Mlle Le Ber,* par M. Montgolfier.

« lité de solitaire. M. Dollier, grand vicaire,
« l'exhorta à persévérer dans sa réclusion, comme
« sainte Madeleine était restée dans sa grotte. Elle
« n'en sort point, en effet, et ne parle à personne ;
« on lui porte son vivre par une porte qui est au
« dehors de la chapelle, et on le lui donne par
« une petite ouverture. Elle a aussi une petite
« grille dans sa chambre qui lui donne vue sur le
« Saint-Sacrement et y reçoit la sainte commu-
« nion[1]. »

« Le lendemain, fête de la Transfiguration,
« ajoute la sœur Bourgeoys, on célébra la grand'-
« messe, on exposa le Saint-Sacrement, et M. le
grand vicaire donna les quarante heures. » Ce
jour-là, on offrit donc le saint sacrifice pour la
première fois dans la chapelle de la Congrégation,
et ce fut avec une pompe égale à la joie que les
sœurs éprouvaient de posséder enfin Notre-Seigneur
dans leur maison, où il ne cessa de résider depuis
ce moment. M. Dollier en parle ainsi dans l'acte
de réclusion de Mᴸˡᵉ Le Ber : « Le 6 août je bénis
« la chapelle ; et, incontinent après, on célébra
« la grand'messe, ce qu'on accompagna de toute
« la symphonie dont le Canada pouvait être ca-
« pable. Il y eut grand monde, entre autres per-
« sonnes M. Le Ber. Le jour précédent il avait bien
« amené sa très-chère et unique fille à la Congré-

1 Ecrits autographes, etc. Mémoires, etc., p. 365.

« gation ; mais, par excès de tendresse, n'ayant pu
« assister à la cérémonie de l'entrée, il vint à celle
« du lendemain pour témoigner que, malgré les
« excès de son amour paternel, c'était de bon
« cœur qu'il consacrait à Dieu pour sa gloire et
« pour le bien de ce pays cette très-chère consola-
« tion du reste de ses jours, s'immolant avec sa
« très-chère fille au Tout-Puissant pour le même
« sujet. En sorte que Dieu a deux victimes recluses
« dans ce lieu ; car s'il a le corps et l'esprit de la
« fille, on ne peut pas douter qu'il n'y ait aussi le
« cœur de ce très-bon père, qui reste sans secours
« dans le monde, âgé de soixante-quatre ans [1]. »

M. de Saint-Vallier, étant allé à Montréal en
1698, pour l'affaire des règles de la Congrégation,
eut alors occasion de voir pour la première fois
Mlle Le Ber et d'admirer la vertu et la vie tout angélique de cette sainte recluse [2]. Deux anglais qui
se trouvaient alors à Villemarie, et qui connais-
saient la famille Le Ber, témoignèrent au prélat le
désir de la voir dans cette solitude, il voulut
bien les y conduire lui-même, espérant que la
vue de cette fille de grâce ferait sur leur cœur une
salutaire impression. Ils furent en effet extraordinairement frappés de voir la plus riche fille du
Canada dans un si pauvre réduit. L'un d'eux, qui

1 Eloges de quelques personnes, etc.; Mémoires, etc., p. 366.
2 Vie de la sœur Bourgeoys. 1818, p. 156.

était ministre protestant, lui demanda pourquoi elle se condamnait à un tel genre de vie, tandis qu'elle pouvait jouir dans le monde de tant de commodités et de douceurs. Elle lui répondit que c'était une pierre d'aimant qui l'avait attirée là, et la tenait séparée de tout le reste. L'autre, voulant savoir quelle était donc cette pierre d'aimant, Mlle Le Ber ouvrit alors la petite fenêtre par où elle recevait la sainte communion, et, se prosternant du côté du tabernacle : « Voilà, lui dit-elle, « ma pierre d'aimant ; c'est la personne adorable « de Notre-Seigneur véritablement et réellement « présent dans la sainte Eucharistie, qui me retient « dans ce lieu. » Là dessus, elle se mit à lui parler de cet auguste mystère avec une foi si vive, un zèle si ardent et des paroles si embrasées par la ferveur de son amour pour Dieu, que ce ministre en parut étonné. Etant ensuite retourné dans son pays, il racontait souvent les circonstances de cette visite, et ne parlait de Mlle Le Ber que comme d'une sorte de prodige qui avait fait sur lui une grande impression, n'ayant rien vu. disait-il, de si extrordinaire dans tout le Canada [1].

Ce n'était pas seulement des étrangers et des dissidents que Mlle Le Ber excitait l'admiration. Quoique cachée depuis seize ans dans sa cellule,

---

1 *Vie de Mlle Le Ber*, par M. Montgolfier. *Mémoires*, etc., tom. II, p. 48-49.

elle était, en 1718, l'objet de la vénération non-
seulement de toute la ville, mais même de toute
la province. Car cette sainte fille, qui semblait ne
travailler qu'à sa propre sanctification, ne laissait
pas de répandre au dehors, par la bonne odeur de
ses vertus, une grande édification dans tout le Canada. Huit ou neuf ans avant l'époque dont nous
parlons, M. de Bacqueville de la Potherie, frappé de
tout ce qu'il en avait entendu dire à Villemarie ne
put s'empêcher d'en faire mention dans son histoire de l'Amérique septentrionale. « Je ne peux
« passer sous silence, dit-il, un trait de vertu tout-
« à-fait extraordinaire d'une demoiselle qui fait
« son séjour dans la communauté des sœurs de
« la Congrégation, Mlle Le Ber, fille unique du
« plus riche commerçant du Canada.... Elle a un
« appartement où elle est renfermée, n'ayant com-
« munication que par une fenêtre qui donne dans
« la chapelle. On lui apporte à manger par une
« petite ouverture qui est à la porte de sa cham-
« bre. Elle couche sur la dure ; elle est gouver-
« née par M. Séguenot, ecclésiastique de Saint-
« Sulpice, et ne voit M. Le Ber, son père, qu'une
« ou deux fois l'année. Elle s'est fait un nouveau
« tempérament dans cette solitude, où elle est de-
« puis huit à neuf ans, de sorte qu'elle aurait de
« la peine à vivre d'une autre manière. Elle a ce-
« pendant l'esprit fort aisé et fort docile. Le genre
« de vie qu'elle mène ne consiste point dans des

« spéculations abstraites de l'oraison mentale ; elle
« y emploie cependant deux heures par jour. Elle
« s'occupe tout le reste du temps à des ouvrages
« dont elle fait présent aux communautés[1]. »

Ce fut surtout en faveur des sœurs de la Congrégation que cette sainte fille signala sa générosité. Non contente d'offrir à Dieu pour elles ce qu'elle avait de plus précieux, c'est-à-dire ses austérités, ses oraisons, sa vie angélique, elle désira, afin d'attirer de plus en plus les grâces de Notre-Seigneur sur cette maison, d'y voir établir l'adoration perpétuelle du très Saint-Sacrement pour toutes les heures du jour ; en sorte qu'en tout temps, excepté certains jours où l'adoration devait avoir lieu à l'église paroissiale, il y eut continuellement, depuis la prière du matin jusqu'à celle du soir, une sœur en adoration devant le très-Saint-Sacrement au nom de toute la communauté. Elle assigna pour cette fondation une somme de trois mille livres, et M. Dollier de Casson, comme grand vicaire, approuva une si religieuse et si utile institution[2].

Enfin, après la mort de son père, la sœur Le Ber voulut se dépouiller, en faveur des sœurs de la Congrégation, de tout ce qui lui restait de son

---

1 *Histoire de l'Amérique septentrionale*, par de Bacqueville de la Potherie ; in-12, 1722, tom. I, p. 559.

2 Contrat du 10 octobre 1696.

patrimoine pour leur donner le moyen d'étendre
le bien qu'elles faisaient par l'éducation des jeunes
filles, et de remplir leurs fonctions avec plus de
facilité. Elle avait déjà fondé une messe quotidienne qui devait être célébrée à perpétuité dans
leur chapelle par un prêtre du séminaire ; et, pour
cette fondation, elle avait donné un fonds de huit
mille livres, dont deux mille furent remises aux
sœurs pour servir aux frais du luminaire et des
ornements[1]. Mais elle méditait un dessein plus
considérable : c'était de réaliser le désir que la
sœur Bourgeoys avait exprimé à ses filles au sujet
des bâtiments de leur communauté. Considérant
que l'œuvre de la Congrégation avait pris en peu
de temps un grand développement, cette sage fondatrice leur avait recommandé, avant sa mort,
d'ajouter à leur maison de nouveaux bâtiments
pour le pensionnat et pour les écoles externes,
lorsque la Providence leur en fournirait le moyen.
Depuis ce temps, elles n'avaient pas été en état
d'exécuter ce dessein à cause tant des dépenses
faites pour diverses missions, que du peu de ressources qu'elles avaient pour suffire à leur propre
entretien. Par un effet de sa grande affection pour
leur institut, la sœur Le Ber nourrissait dans son
cœur le désir d'effectuer elle-même la recomman-

---

1 *Vie de la vénérable Jeanne Le Ber*, par M. Montgolfier.
Mémoires, etc., p. 228.

dation de la sœur Bourgeoys. Elle ne se proposait pas seulement de construire des bâtiments convenables pour le pensionnat et pour les écoles, elle voulait encore fonder un certain nombre de places pour les filles du pays, dont les familles n'avaient pas le moyen de soutenir les frais de la pension. Ainsi sa piété éclairée, après lui avoir inspiré les deux œuvres qui concernent principalement la gloire de Dieu, l'adoration perpétuelle et la fondation d'une messe quotidienne dont nous avons déjà parlé, lui suggéra deux autres œuvres spécialement avantageuses au prochain : la construction de bâtiments nouveaux pour la Congrégation et la fondation de bourses pour des enfants dont les familles ne pourraient payer la pension. Jusqu'alors la crainte de n'avoir pas les fonds nécessaires à ces deux objets lui avait fait différer l'exécution de son dessein. Mais l'année 1713, comme si elle eût connu qu'elle touchait déjà à la fin de sa vie, après avoir recommandé son projet à la très-Sainte-Vierge, et aussi aux saints Anges, pour lesquels elle avait une singulière dévotion, elle jugea que le moment était venu d'y contribuer autant qu'elle en serait capable, et décida enfin la communauté à l'exécuter [1].

« Elle témoigna souvent beaucoup d'empresse-
« ment pour faire commencer ce bâtiment, »

---

[1] *Vie de la vénérable Jeanne Le Ber*, par M. Montgolfier.

écrit la sœur Trottier, dépositaire, qui avait la faculté de parler à la sœur Le Ber ; « assurant que « c'était la volonté de Dieu et que les saints « Anges nous aideraient. Elle ajoutait que si nous « ne le commencions pas cette année, nous ne le « pourrions plus, quelque besoin que nous en « eussions. Sur cette déclaration, qu'elle faisait « avec assurance, et comme d'un ton inspiré, « nous mîmes en effet la main à l'œuvre, quoique « nous n'eussions alors ni matériaux ni argent. » Les fondements ayant été creusés, M. de Belmont bénit et posa la première pierre de l'édifice le 28 mai 1713, et le dédia à Marie sous le titre de *Notre-Dame-des-Anges*. L'inscription qui fut mise dans les fondements est un témoignage trop touchant de la piété des sœurs de la Congrégation pour ne pas la rapporter ici en entier.

TRÈS-SAINTE-VIERGE, REINE DES ANGES, LE REFUGE ET LE SALUT DES HOMMES, AGRÉEZ, S'IL VOUS PLAIT, QUE NOUS DEMANDIONS EN TOUTE CONFIANCE VOTRE SAINTE PROTECTION POUR COMMENCER ET CONDUIRE A SA FIN LE BATIMENT QUE VOTRE SERVANTE ET NOTRE BONNE MÈRE, MARGUERITE BOURGEOYS, NOUS A RECOMMANDÉ DE CONSTRUIRE, DÉSIRANT DE TOUT NOTRE COEUR QU'IL SERVE A AUGMENTER VOTRE GLOIRE ET CELLE DE VOTRE DIVIN FILS. NE SOUFFREZ PAS, Ô VIERGE IMMACULÉE, QUE LE PÉCHÉ MORTEL ENTRE JAMAIS DANS CETTE MAISON ; ORDONNEZ, S'IL VOUS PLAIT, AUX SAINTS ANGES DE VEILLER SI BIEN

A LA CONDUITE DE TOUTES CELLES QUI L'HABITERONT, QUE VOUS Y SOYEZ TOUJOURS AIMÉE ET SERVIE COMME NOTRE-DAME ET SOUVERAINE. Ainsi soit-il.

« Quelque grand que fût mon empressement
« pour cet ouvrage, dit encore la sœur Trottier,
« j'avais cependant une extrême répugnance à
« m'en voir chargée, n'ayant pas de quoi l'entre-
« prendre. Mais je n'eus pas plutôt exposé mes
« craintes et mes embarras à Mlle Le Ber, qu'ils se
« dissipèrent à l'instant. Elle était toujours prête
« à m'encourager. Elle m'assurait que tout réus-
« sirait ; qu'elle prierait les saints Anges d'avoir
« soin de faire avancer l'ouvrage et de me fournir
« tous les moyens nécessaires pour l'achever. Il
« me semblait ensuite que je ressentais l'effet de
« ses promesses, et que je trouvais des facilités et
« des ressources auxquelles je ne me serais jamais
« attendue. J'ajouterai même que, quoi qu'elle
« m'eut permis de m'adresser à elle dans mes be-
« soins, je ne fus jamais dans le cas d'user de
« cette permission, sinon avec beaucoup de ré-
« serve. Nous avons, en effet, tout sujet de croire
« que les saints Anges nous ont bien protégées.
« Les ouvriers eux-mêmes, qui étaient en très-
« petit nombre, ont souvent été étonnés, la ma-
« tin, en se remettant au travail, de voir qu'ils en
« eussent tant fait la veille ; et ils publiaient par-
« tout qu'ils travaillaient le jour et les Anges
« la nuit. Plusieurs personnes de la ville nous

« disaient aussi la même chose avec étonne-
« ment[1]. »

Le bruit que rapporte ici la sœur Trottier n'était
pas renfermé dans l'enceinte de la communauté
ou dans le voisinage de cette maison. La mère Juchereau, qui écrivait à Québec, parle aussi elle-
même de l'assistance que Mlle Le Ber recevait des
saints Anges, spécialement dans les ouvrages de
broderie et autres que cette sainte recluse faisait
pour les églises. Sans avoir presque appris à faire
ces sortes d'ouvrages, elle donnait à tout ce qui
sortait de ses mains un certain éclat qui faisait
admirer son adresse et son bon goût, « n'étant
« aidée dans ses travaux, dit cette religieuse, que
« par les Anges avec qui elle conversait et qui se
« plaisaient sans doute beaucoup avec cette angé-
« lique créature[2]. »

Une circonstance bien édifiante que nous ne
croyons pas devoir dérober à nos lecteurs, c'est
que, malgré le grand désir que la sœur Le Ber avait
de procurer la construction de ce bâtiment, fait
en partie à ses frais, elle n'en vit jamais le plan ni
même le local, quoi qu'il fut à quelques pieds de
sa cellule. Elle était si fidèle, en effet, à garder sa
réclusion, qu'elle ne s'approchait jamais de ses
croisées, pas même pour y respirer l'air durant

1 *Vie de la vénérable Jeanne Le Ber*, par M. Montgolfier.
2 *Histoire de l'hôtel-Dieu de Québec*, p. 536.

les chaleurs de l'été; et que le bâtiment étant achevé, elle refusa de le visiter, pour ne pas sortir de
sa clôture.

Ce fut alors qu'elle exécuta enfin le dessein
qu'elle avait formé de se dépouiller de tout afin de
mourir pauvre. Ayant donc réuni ce qui lui restait
de bien, qui s'éleva à la somme de treize mille
livres, elle en disposa par contrat du 9 septembre
1714, pour fonder des places gratuites dans le
pensionnat qu'on venait de bâtir « ne croyant pas,
« dit-elle dans l'acte de cette fondation, pouvoir
« faire, du peu de bien qui lui reste, un meilleur
« usage, et qui contribue plus à la gloire de Dieu,
« que d'en appliquer le revenu au soulagement
« d'un certain nombre de filles dont les parents
« sont dans l'impossibilité de leur faire donner
« toute l'instruction et l'éducation nécessaires.
« Que, pour l'éxécution de son dessein, elle a
« jeté les yeux sur les sœurs séculières de la Con-
« grégation de Notre-Dame de Montréal, dont la
« conduite édifiante, jointe aux grands fruits
« qu'elles ont faits et qu'elles font encore jour-
« nellement dans l'instruction des jeunes filles,
« lui font espérer que ses desseins auront un heu-
« reux succès[1]. »

L'événement montra, à n'en pouvoir douter,
que l'empressement de la sœur Le Ber à faire éle-

---

1 *Vie de la vénérable Jeanne Le Ber.*

ver ce bâtiment et à se dépouiller de ses biens pour
les consacrer à sa fondation, était, de sa part,
l'effet de quelque pressentiment secret de sa mort
prochaine. Elle avait signé l'acte dont nous parlons le lendemain de la Nativité de Marie, le 9
septembre de cette année 1714, et elle ne vécut
depuis que vingt-quatre jours. Elle fut atteinte
d'une fluxion de poitrine qu'elle contracta en se le-
vant la nuit, comme elle le pratiquait dans certains temps de l'année, pour adorer le très-Saint-
Sacrement dans l'église de la Congrégation.

Pendant cette maladie, qui ne dura que quelques jours, elle ne manqua à aucun de ses exercices ordinaires ; du moins elle invitait la sœur
qui restait auprès d'elle pour la soigner, à réciter,
selon les diverses heures du jour, les prières
qu'elle était dans l'usage de faire, et s'y unissait
d'esprit et de cœur. Elle l'envoyait même tenir sa
place devant le très-Saint-Sacrement, au temps où
elle avait coutume de s'y rendre pour l'adorer.

Le 2 octobre, veille de sa mort, on lui porta le
saint Viatique avec toute la solennité que les sœurs
de la Congrégation purent mettre à cette sainte action à laquelle toutes furent présentes. Elle reçut
son Sauveur avec une ferveur proportionnée à
l'amour si ardent qu'elle lui avait toujours témoigné ; et enfin, dans ses derniers moments, pour
s'unir plus parfaitement à lui et sans doute aussi
pour rendre sa clôture ou réclusion plus sévère,

elle fit tirer les rideaux de son lit et expira doucement le 3 octobre, dans la cinquante-troisième
année de son âge[1].

Aussitôt après, les sœurs de la Congrégation la
revêtirent de son habit de réclusion et l'exposèrent
la face découverte dans leur église où elle avait
choisi sa sépulture. Toute la ville accourut à ce
pieux spectacle, attirée par une sainte curiosité de
contempler une concitoyenne si célèbre et que le
plus grand nombre n'avaient jamais vue, bien
qu'elle eût constamment vécu au milieu d'eux[2].
Les circonstances de ce concours eurent tant
de retentissement dans tout le Canada, que la
mère Juchereau, quoique renfermée dans l'hôtel-
Dieu de Québec, n'a pas laissé de les rapporter
dans son histoire de cette maison.

« On l'exposa, dit-elle, pendant deux jours pour
« la consolation et la dévotion de tout le Mont-
« réal et des environs, d'où l'on vint en foule re-
« garder et admirer le saint corps de cette vierge.
« On l'invoqua alors avec confiance ; on distri-
« bua ses pauvres haillons et jusqu'à ses souliers
« de paille. Tous ceux qui purent avoir quelque
« chose d'elle, s'en estimèrent heureux et le révé-
« rèrent comme des reliques. Plusieurs personnes,

---

1 *Eloges de quelques personnes*, etc. — *Vie de la vénérable
Jeanne Le Ber.*
2 Ibid.

« affligées de différentes maladies, s'approchèrent
« de son cercueil et le touchèrent avec beaucoup
« de respect et de foi, et on assure qu'elles ont
« été guéries. Après ce grand concours, le corps
« de la défunte fut porté à l'église de la paroisse
« où on lui fit de magnifiques obsèques ; on lui
« donna toutes les marques de la plus grande vé-
« nération ; et M. de Belmont, supérieur du sé-
« minaire et grand vicaire, prononça une très-belle
« oraison funèbre à sa louange[1]. » Le corps fut
reporté ensuite dans la chapelle de la Congrégation et inhumé à côté de celui de M. Le Ber, père
de la défunte. Les sœurs mirent au-dessus l'épi-
taphe suivante :

CI-GIT VÉNÉRABLE SOEUR JEANNE LE BER, BIEN-
FAITRICE DE CETTE MAISON, QUI, AYANT ÉTÉ RE-
CLUSE QUINZE ANS DANS LA MAISON DE SES PIEUX
PARENTS, EN A PASSÉ VINGT DANS LA RETRAITE
QU'ELLE A FAITE ICI. ELLE EST DÉCÉDÉE LE 3
OCTOBRE 1714, AGÉE DE 52 ANS.

Dès son vivant, Mlle Le Ber était regardée comme
une sainte toute puissante par ses prières et ses
vertus auprès de Dieu, de la Sainte-Vierge et des
Anges. En voici une preuve éclatante.

On apprit, en 1711, que les Anglais, qui, depuis
longtemps, convoitaient le Canada, venaient enfin
de faire, pour s'en emparer, un armement consi-

---

1 *Histoire de l'hôtel-Dieu de Québec*, p. 536, 537, 538.

dérable, et que, dans ce dessein, trois mille hommes étaient partis de New-York avec de petites
pièces de canon pour surprendre Villemarie par
terre, tandis qu'une flotte allait attaquer Québec.
Villemarie, environnée d'une simple palissade de
pieux, et incapable de résister à l'artillerie[1], crut
être alors à la veille. des plus grands malheurs.
Comme chacune des deux armées ennemies était
supérieure en forces à tout ce que le Canada pouvait leur opposer de combattants[2], et que le gouvernement français, aux prises alors avec mille
difficultés et mille embarras, ne pouvait rien ou
croyait ne devoir rien faire pour protéger et conserver cette colonie, les Canadiens comprirent
mieux que jamais qu'ils ne devaient espérer qu'en
l'assistance divine. A Villemarie, les prêtres de
Saint-Sulpice prêchèrent la pénitence au peuple ;
et jamais peut-être on ne vit les cœurs plus ouverts
à la grâce que dans cette extrémité. Il s'opéra un
renouvellement entier dans la ville : il y eut des
processions de pénitence, chacun marchant nu-
pieds et la corde au cou ; on fit des communions
générales ; on s'imposa volontairement des jeûnes

---

1 *Archives de la Marine; Mémoire de l'état de la ville de
Montréal*, par Chaussegros, 1717. — *Histoire de l'hôtel-Dieu
de Québec*, in-12, p. 473, 474.

2 *Histoire de la Nouvelle-France*, par le Père de Charlevoix,
tom. II, p. 362.

et autres mortifications semblables [1]. « Les dames,
« dit la mère Juchereau, enchérirent sur celles
« de Québec ; car elles s'obligèrent par vœu à ne
« point porter de rubans ni de dentelles pendant
« un an. » Enfin les demoiselles de la Congrégation externe et d'autres firent vœu de bâtir, en l'honneur de la Mère de Dieu, une chapelle sous le nom
de *Notre-Dame-de-la-Victoire,* si l'on était préservé
du malheur qu'on avait tant sujet d'appréhender [2],
et qui semblait être inévitable.

Au milieu de cette consternation générale, la
sœur Le Ber, qui vivait recluse dans la maison de
la Congrégation, inspira de la confiance à tous par
celle qu'elle fit paraître au secours de la très-
Sainte-Vierge. La personne chargée de lui porter
sa nourriture, et qui, seule, avait la liberté de lui
parler, vint lui dire que si les Anglais avaient un
vent favorable, leur flotte arriverait à tel jour devant Québec, et que c'en serait fait de la colonie.
A ce discours, la sœur Le Ber garda quelque temps
le silence ; puis elle répondit d'une manière nette
et précise : *Non, ma sœur ; la très Sainte-Vierge
aura soin de ce pays ; elle est la gardienne de Villemarie : nous ne devons rien craindre* [3].

La confiance aux prières de la sœur Le Ber n'é-

1 *Annales de l'hôtel-Dieu-Saint-Joseph de Villemarie.*
2 *Histoire de l'hôtel-Dieu de Québec,* p. 476.
3 *Eloges de quelques personnes mortes en odeur de sainteté
à Montréal ; Vie de M*[lle] *Le Ber.*

tait pas particulière au peuple : les personnes du premier mérite la partageaient elles-mêmes comme le trait suivant le montra. M. le baron de Longueil, gouverneur de la ville, surnommé avec raison le *Machabée de Montréal,* jugeant qu'il ne fallait pas laisser arriver les Anglais jusqu'à Villemarie sans leur dresser quelque embuscade, résolut d'aller avec une poignée de monde les attaquer proche de Chambly, où ils devaient passer. Mais ne comptant que sur la protection de Marie, il voulut s'avancer à leur rencontre armé d'un étendard sur lequel fut peinte l'image de la très Sainte-Vierge, et autour de laquelle la sœur Le Ber eût écrit une prière de sa composition. Celle-ci ne put s'y refuser, et écrivit la prière suivante : « Nos « ennemis mettent toute leur confiance dans leurs « armes ; mais nous mettons la nôtre au nom de « la Reine des Anges, que nous invoquons. Elle « est terrible comme une armée rangée en ba- « taille ; sous sa protection nous espérons vaincre « nos ennemis[1]. » M. de Belmont bénit l'étendard, et le mit solennellement entre les mains de M. de Longueil, dans l'église paroissiale de Notre-Dame, en présence de tout le peuple, accouru à un spectacle si édifiant. Après quoi ce brave et vaillant capitaine partit promptement, plein de confiance, portant lui-même cette enseigne, qu'il regardait

1 *Éloges de quelques personnes mortes,* etc. *Ibid.*

comme un gage assuré de la protection du ciel[1].

Sa confiance ne fut pas vaine : le ciel combattit visiblement pour les Canadiens. Car la flotte anglaise, qui allait attaquer Québec, étant entrée dans le fleuve Saint-Laurent, et se trouvant au nord de l'île aux Œufs, le vent du sud souffla avec tant d'impétuosité pendant la nuit du 2 au 3 septembre, qu'en moins d'une demi-heure sept des plus gros vaisseaux se brisèrent sur les rochers et les battures avec une violence épouvantable. Les éclairs et les tonnerres, se mêlant au bruit des flots et des vents, la foudre tomba sur l'un des vaisseaux, et le fit sauter si loin que sa quille fut trouvée bien avant sur la grève[2]. On trouva aussi étendus sur le rivage près de trois mille cadavres, parmi lesquels on reconnut deux compagnies entières des gardes de la reine d'Angleterre, qu'on distingua à leurs casaques rouge[3]. Après un tel désastre, l'amiral anglais, craignant de perdre le reste de sa flotte, retourna droit à Londres, avec le peu de vaisseaux qui lui restaient ; et, n'osant se présenter à la reine, il fit sauter son navire quand il fut dans la Tamise, tout près du port, où il périt avec tout son équipage à l'exception de deux hommes. Enfin l'armée de terre, qui mar-

1 *Histoire de l'hôtel-Dieu de Québec*, in-12, p. 477, 478.
2 *Ibid.*, p. 482, 483.
3 *Hist. de la Nouvelle-France*, par le P. de Charlevoix, t. II, p. 357. *Mémoires*, etc., p. 221.

chait sur Villemarie, rebroussa chemin dès qu'elle eût appris le désastre de la flotte ; et le jour que les Anglais arrivèrent à Boston, la consternation générale fut encore augmentée dans cette ville par un furieux incendie qui consuma quatre-vingts maisons[1].

Cette déroute des ennemis, qu'on n'avait pas eu la peine de vaincre, fut regardée par tous les Canadiens sans exception, comme un effet manifeste de la Providence de Dieu sur eux[2]. « Nous « allons rendre grâce à Dieu de la protection vi- « sible qu'il a bien voulu accorder à ce pays, « écrivait au ministre, M. de Vaudreuil, gouver- « neur général du Canada. Tous ces peuples, quoi- « que les mieux intentionnés pour se défendre, « conviennent que Dieu leur a fait de grandes « grâces[3] en détruisant la flotte anglaise, sans « qu'il en ait coûté une goutte de sang à cette co- « lonie[4]. » Outre le désastre de la flotte et la mort de trois mille ennemis, on eut lieu d'admirer encore que le vent et les flots avaient poussé sur le rivage une grande quantité de dépouilles qui enrichirent le pays. Aussi M. de Belmont, frap-

---

1 *Histoire de l'hôtel-Dieu de Québec*, p. 485, 486.

2 *Histoire de la Nouvelle-France*, tom. II, p. 562.

3 *Archives de la Marine*. Lettre de M. de Vaudreuil au ministre, du 25 octobre 1711.

4 *Ibid*. Lettre de M. de Vaudreuil au même, du 6 novembre 1712.

pé de toutes ces circonstances, et surtout de la liberté que la déroute des ennemis donnait au Canada, n'a pas craint de comparer cette défaite à celle des Égyptiens dans le mer Rouge, en disant dans sa *Vie de la sœur Le Ber*, que la Mère de Dieu obtint en faveur des Canadiens *le plus grand miracle qui fut arrivé depuis le temps de Moyse*[1].

---

1 *Éloges de quelques personnes mortes en odeur de sainteté à Montréal.* — *Mémoires*, etc., tom. II, 225.

LA SŒUR MARIE BARBIER

DEUXIÈME SUPÉRIEURE DE LA CONGRÉGATION.

De toutes les filles formées par la sœur Bourgeoys, il n'y en eut aucune qui l'imita plus parfaitement, et qui se remplit plus abondamment de
son esprit, que la sœur Barbier, qui lui succéda
dans la charge de supérieure de la Congrégation.
Aussi M. Montgolfier dit-il, en parlant d'elle, dans
sa *Vie de la sœur Bourgeoys : Cette digne et célèbre
élève de la sœur Bourgeoys* naquit d'un colon de
Montréal, originaire de Nevers. Elle fut la première
fille de Villemarie qui se consacra au service de
Dieu, en entrant dans l'institut de la Congrégation.
Elle naquit le 1er mai 1663, et reçut le nom de
Marie sur les fonts du baptême [1].

---

1 Registre des baptêmes, 1er mai 1663.

Son enfance eut une grande ressemblance avec celle de la sœur Bourgeoys. Nous n'en dirons rien.

Ses pieux parents l'ayant mise six semaines avant sa première communion auprès de la sœur Bourgeoys, pour qu'elle se préparât là à cette action si importante de la vie, elle conçut une telle estime et un tel attachement pour sa sainte maîtresse et pour sa Congrégation, qu'elle résolut dès lors de s'attacher pour toujours à cette fervente communauté.

Ecoutons-la raconter elle-même les dispositions dans lesquelles elle était au début de sa nouvelle carrière. Les paroles des saints ont une vertu toute particulière pour toucher et pénétrer les cœurs de ceux qui les lisent ou les écoutent.

« Quand j'entrai à la communauté, écrivait-elle
« dans la suite, il me semblait que mes compa-
« gnes étaient toutes des saintes et moi une mi-
« sérable qui était bien hardie d'oser m'associer
« à de si saintes âmes. J'avais une compagne qui
« m'aidait à me porter à Dieu ; quoique ancienne,
« elle se faisait mon égale ; son humilité et sa
« mortification me charmaient : elle m'avait
« même prise pour son admonitrice. Etant nou-
« vellement convertie, rien ne me coûtait, et je
« ne sentais point mes passions. Je ne faisais plus
« rien pour me faire estimer, et quoique, dans
« mes actions, je sentisse quelquefois intérieure-

« ment de la complaisance, cela me faisait de la
« peine, et je n'y consentais pas. J'avais de grandes
« touches de Dieu, et je faisais tout ce que je pou-
« vais pour animer les autres à l'aimer.

« Je ne sais qu'elle ferveur j'avais, mais elle
« était plus pour les autres que pour moi. Si une
« fille s'adressait à moi pour l'encourager, elle ne
« s'en retournait jamais que bien contente. Lors-
« que mes sœurs, même des anciennes, me fai-
« saient confidence de leur difficultés et de leurs
« peines, je leur faisais trouver doux tout ce qui
« leur paraissait insupportable. Plusieurs de celles
« qui sont venues après moi à la communauté
« m'ont assuré, depuis, qu'elles fussent sorties si
« je ne les avais encouragées, et cela par le
« moyen de la dévotion au saint Enfant-Jésus[1].

Cette dévotion à l'Enfant-Dieu, qui fut comme
le caractère dominant de sa piété et le mobile de
sa vie intérieure, devint pour elle une source de
grâces ordinaires et extraordinaires.

Nous n'entreprendrons pas d'en faire le récit :
elle dut surtout à cette dévotion la basse opinion
qu'elle avait d'elle-même et que lui inspiraient son
esprit de componction et sa sincère humilité.

« Quand j'entrai à la communauté, écrit-elle,
« j'aurais souhaité que l'on m'eût connue telle

1 Lettre de la sœur Barbier à M. Glandelet. *Mémoires*, etc.,
tom. II, p. 107 et 108.

« que j'étais, afin d'être méprisée. Je sentais que
« cela m'aurait fait grand bien, et je me recon-
« nais indigne de demeurer avec les servantes de
« la Sainte-Vierge. Je ne désirais plus que de
« souffrir pour l'expiation de mes péchés, voulant
« même les dire en pleine communauté. Étant
« sacristine, je ne peux exprimer qu'elle était ma
« douleur lorsque j'étais obligée de monter sur
« l'autel pour le parer, pensant à mes péchés et à
« la bonté de Dieu de me souffrir si près de lui,
« ce qui me jetait dans une extrême confusion. Je
« priai même ma maîtresse des novices de m'em-
« ployer plutôt à garder les vaches et les porcs,
« tant je me reconnaissais indigne de cet office[1]. »

Hâtons-nous de dire ici que ces fautes, qui cau-
saient à la sœur Barbier une si grande confusion,
étaient tout simplement des sentiments de vanité
et de complaisance en elle-même, sentiments de
vanité qu'elle se reprocha toujours.

Ayant été, en 1692, nommée assistante de la
sœur Bourgeoys, elle exprimait en ces termes les
sentiments de son cœur dans une retraite qu'elle
fit au mois de mai de l'année suivante : « Mon
« Dieu, pour votre pur amour et pour l'accom-
« plissement des desseins que vous avez sur votre
« chétive et indigne créature qui a tant abusé de

---

1 Lettres de la sœur Barbier à M. Glandelet. *Mémoires*, etc.,
tom. II, p. 110, 111.

« vos grâces après toutes les miséricordes que
« vous n'avez point cessé de me faire au milieu
« de mes misères et de mes infidélités, souffrez
« donc, ô mon Sauveur, que je m'offre à vous en
« sacrifice pour faire et souffrir tout ce qu'il vous
« plaira pour le temps et pour l'éternité. Que je
« meure comme une misérable et infâme, sans
« secours et dans le mépris de toutes les créa-
« tures. Je m'abandonne à toutes sortes de morts
« pour l'expiation des péchés qui se commettent
« en si grand nombre dans le monde, ne voulant
« vivre que pour souffrir, dans mon corps et dans
« mon âme, toutes les peines tant intérieures
« qu'extérieures, qu'il vous plaira. Je vous con-
« sacre ma volonté, ne m'en réservant rien du
« tout, ne désirant rien faire que par obéissance.
« Je renonce à toutes les consolations spirituelles,
« tant de la terre que du ciel.

« Très-Sainte-Vierge, ma digne supérieure, mon
« avocate et mon refuge, prosternée humblement à
« vos pieds, et n'osant paraître devant votre di-
« vin Fils, je m'adresse à vous, afin que vous lui
« présentiez l'offrande et le sacrifice que je vous
« fais de ma volonté pour ne vivre et n'agir que
« pour vous.

« Fait le 28 mai 1693, dernier jour de l'octave
« du Très-Saint-Sacrement.

« Marie BARBIER. »

« Très-indigne de porter votre nom sacré et
« d'être dans votre maison, où je désire être la
« dernière et dans le mépris de toutes mes sœurs,
« trop heureuse de n'être rien [1]. »

Quelles ne devaient pas être les vertus d'une
âme qui avait de pareils sentiments?

Actes et sentiments étaient tels que la sœur Marguerite Bourgeoys, ayant irrévocablement résolu
de se démettre de ses fonctions de supérieure,
disposa les esprits des sœurs à nommer la sœur
Barbier supérieure à sa place. Mais ce choix, qui
réjouit toute la maison, affligea au delà de tout ce
qu'on peut dire, celle qui en était l'objet. Elle ne
se consola que par la considération de la volonté
divine dont elle avait une marque assurée dans
son élection et par sa confiance sans bornes à Jésus et à Marie. Dès qu'elle se vit élevée à la tête
de ses sœurs, elle jugea qu'elle devait procurer
leur perfection, surtout en leur offrant l'exemple
d'une vie qui pût leur servir en tout de modèle.

« Quand je fus supérieure, écrit-elle, on voulut
« me donner quelques meubles de distinction ; je
« les refusai, et lorsqu'on en mit quelqu'un dans
« ma chambre, qui ne m'était pas absolument
« nécessaire, je le laissai-là, et ne voulus jamais
« m'en servir. Mon ambition serait, en effet,

1 *Vie de la sœur Barbier.*

« d'être plus pauvre que les autres pour être plus
« semblable à Notre-Seigneur, qui, étant riche de
« tous les biens, a voulu être le plus pauvre des
« hommes pour l'amour de nous[1]. »

Mais, afin d'attirer la bénédiction du ciel avec
plus d'abondance sur la Congrégation, elle se voua
à Dieu comme victime pour toutes ses sœurs, et
sembla entrer dès lors dans une voie nouvelle
d'abnégation et d'austérités. Dans ce dessein, elle
renouvela l'offrande qu'elle avait faite d'elle-
même à Dieu l'année précédente, et en dressa un
acte que nous rapporterons encore ici pour faire
mieux connaître que par tout ce que nous pourrions dire sa rare humilité, et le grand esprit de
pénitence de cette digne et fervente supérieure. A
l'exemple des âmes les plus innocentes et les plus
élevées en grâce, elle s'abîme si profondément à
la vue de ses imperfections et parle d'elle-même
dans des termes si humiliants et si excessifs, que,
si on ne connaissait d'ailleurs sa vertu, on devrait
la prendre à ce langage pour une pécheresse publique.

Nous ne connaissons dans les écrits des saints
que les *Prières* de saint Ephrem, âme angélique
aussi, où l'on trouve d'aussi bas sentiments et un
tel mépris de soi-même.

« Mon Dieu, mon Sauveur et mon juge, toute

1 Lettre de la sœur Barbier.

« confuse de mes abominatious, souffrez que,
« prosternée à vos pieds, je demande une goutte
« de votre précieux sang, pour laver mon âme in-
« fectée par tant de péchés. Que mon cœur soit
« brisé de douleur de mes offenses ; je veux, aidée
« de votre grâce, en faire pénitence le reste de ma
« vie. Je renouvelle, pour cet effet, l'abandon et
« le sacrifice que je vous ai fait de moi-même
« pour endurer toutes les peines intérieures et
« extérieures qu'il vous plaira de m'envoyer, sans
« me plaindre ni murmurer, vivant dans une
« mort continuelle à mes inclinations et dans
« l'indifférence à toute sorte d'état, acceptant de
« bon cœur les sécheresses et les aridités, les tris-
« tesses mortelles et les abandons les plus insup-
« portables. Que je vive dans un entier oubli des
« créatures pour ne m'occuper que de vous seul.
« O mon Jésus, faites-moi souffrir, non pas comme
« je le mérite, l'enfer n'est pas assez profond pour
« m'engloutir, mais selon vos miséricordes. Ayez
« pitié de cette pauvre communauté dont vous
« m'avez chargée ; que je ne sois pas la cause de
« sa destruction. Faites m'en porter toute la peine
« et épargnez mes sœurs qui sont vos humbles
« servantes. Très-Sainte-Vierge, à qui aurai-je re-
« cours si ce n'est à vous ? Vous êtes ma mère et
« mon unique refuge ; mon âme est noyée dans
« la tristesse ; je mets mon salut entre vos mains.
« Faites, ô Sainte Vierge, que j'accomplisse la vo-

« lonté de votre divin Fils jusqu'au dernier sou-
« pir de ma vie [1]. »

Ce désir ardent de souffrir pour sa communauté
ne se borna pas, dans la sœur Barbier, à de simples protestations où à des sentiments stériles. Il
lui fit embrasser, dés qu'elle fut élue supérieure,
des mortifications effrayantes, telles qu'on n'en lit
pas dans *la Vie des Pères du Désert,* et dont le récit
aurait peine à être cru s'il n'avait été attesté par
des témoins oculaires tout à fait dignes de foi.
Elle ne châtiait pas seulement son corps avec sé-
vérité, elle fut même cruelle envers sa propre
chair.

De son côté, Dieu l'éprouva par des peines intérieures qui firent souffrir son âme autant qu'elle
faisait elle-même souffrir son corps.

Voici comment elle s'exprimait au sujet de ces
peines d'esprit, qui étaient d'autant plus acca-
blantes, qu'elle se sentait pressée d'aimer Dieu
plus ardemment : « Oh ! qu'il faut souffrir avant
« que de mourir ! Je suis comme une personne
« suspendue en l'air, qui ne touche ni au ciel ni
« à la terre. Je ne trouve en moi qu'un grand dé-
« pouillement de toutes choses non à l'extérieur
« comme dans saint Barthélémi, mais intérieure-
« ment. Plus je communie, plus je veux commu-
« nier. Je vous le dis en simplicité : je meurs de

1 *Vie de la sœur Barbier.*

« faim et je sens mon âme se dessécher à petit
« feu. Je ne puis exprimer ce que j'ai à souffrir
« pour supporter tous les assauts que je ressens
« en mon âme qui veut s'unir à Dieu par une voie
« que je ne connais pas. Je demeure dans un pro-
« fond silence intérieur qui m'occupe sans cesse ;
« Dieu seul m'est toutes choses, et sans lui le pa-
« radis et l'enfer me seraient indifférents [1]. »

Cependant les épreuves intérieures ne tardèrent
pas à produire leurs fruits. Elles élevèrent la sœur
Barbier à une perfection très-sublime, et la con-
duisirent insensiblement à un état d'union habi-
tuelle avec Dieu, pleine de force et de douceur,
qui lui était comme inconnue auparavant. Ces
fruits parurent, surtout dans les dispositions d'a-
bandon qu'elle fit admirer à l'occasion d'un mal
affreux qu'elle eut cette même année, 1697, par
suite des austérités et des mortifications qu'elle
avait exercées autrefois avec tant de cruauté sur
elle-même.

Le mal qu'eut à souffrir alors la sœur Barbier,
étant un des maux auxquels sont le plus exposées
les personnes de son sexe, nous rapporterons ici
pour l'exemple, l'instruction et l'encouragement
des personnes qui sont dans le même cas les dispositions d'esprit de cette admirable sœur.

« Je suis presque dans l'impuissance d'écrire

1 *Vie de la sœur Barbier.* — *Mémoires*, etc., t. II, p. 124.

« aujourd'hui, dit-elle dans une de ses lettres,
« par une indisposition que j'ai depuis quatre à
« cinq mois à un côté du sein : c'est un cancer.
« On m'a fait des scrupules de ce que je ne l'ai
« pas dit plus tôt, pensant que cela se passerait.
« Je croyais bien faire. Les remèdes, jusqu'à pré-
« sent, n'ont servi qu'à me faire souffrir d'avan-
« tage. Il me semble que l'abandon que j'ai fait
« de tout moi-même à Dieu, me sert de beaucoup
« maintenant. Je tâche de souffrir avec Jésus souf-
« frant, et je porte le poids de mes péchés et des
« infidélités de mes sœurs. Si cela continue jus-
« qu'à Pâques, je ne sais ce que je deviendrai. J'ai
« cependant ressenti les effets de la neuvaine que
« mes sœurs ont faite pour moi. Oh ! que les mi-
« séricordes de Dieu sont infinies à mon égard !
« qu'il me rend justice en me faisant souffrir ! Je
« ne saurais me déterminer à lui demander ma
« guérison. Je ne sais si je ne suis pas trop témé-
« raire de souhaiter que l'on ne prie pas pour
« cela. S'il y va de la gloire de Dieu que je gué-
« risse, à la bonne heure ! Mais si c'était sa vo-
« lonté que mon corps devînt tout ulcéré et fût
« un spectacle d'horreur, il me semble que j'en
« serai contente. Je ne suis pas assez fidèle pour
« obtenir tant de grâces. Au reste, je ne veux rien ;
« la santé ou la maladie, tout m'est indifférent.
« Qu'on retranche la partie malade, ou qu'on me
« laisse languir, je fais de bon cœur le sacrifice.

« Cependant mes sœurs ont encore la charité de
« me supporter. On attend le printemps pour me
« mettre dans les remèdes ; c'est ce qui m'occupe
« le moins ; car ce n'est point mon corps qui
« m'inquiète, ni la maladie dont je suis attaquée ;
« la crainte même des douleurs des opérations
« ne m'effraie pas. Une humiliation qui me fait
« plus souffrir que mon mal, c'est la crainte que
« les chirurgiens n'y mettent la main ; je suc-
« combe en quelque façon à cette pensée, et mon
« plus ardent désir est d'obtenir de Dieu la grâce
« d'éloigner de moi une telle épreuve [1].

Mais le mal fit bientôt des progrès effrayants et
le peu de succès des remèdes sembla avoir augmenté en elle la résignation et la patience. « Le
« Seigneur, disait-elle, n'a pas permis que j'aie eu
« aucune consolation. J'adore sa conduite et me
« soumets à ses ordres, malgré la nature qui fré-
« mit à la pensée de l'acharnement que je dois
« avoir à la faire mourir. On me demande si je
« veux me promener et me divertir. Ce n'est pas
« ce que mon âme demande ; mais Dieu seul,
« sans aspirer à aucune consolation sur la terre.
« Je le possède dans l'intime de mon cœur, et
« quelque grandes que puissent être mes douleurs
« et mes privations, il me suffit, et mon âme est
« contente. »

1 *Vie de la sœur Barbier. Mémoires*, etc., tum. II, p. 130.

Elle passa le reste de cette année 1698 à l'infirmerie.

La mort de la sœur Bourgeoys, qui arriva peu
après, sembla avoir augmenté le mal de cette
sainte malade ; car l'on remarqua que depuis cet
événement la plaie de son cancer s'envenima davantage ; ce qu'on attribua autant à la douleur
qu'elle ressentit de cette perte, qu'aux travaux et
aux fatigues auxquels (bien qu'elle ne fut plus supérieure) elle ne laissait pas, en qualité d'assistante, de se livrer dans l'occasion.

Le mal en était venu au point qu'une opération
était indispensable ; elle fut envoyée à Québec pour
y être opérée par un médecin du roi nommé Sarrazin.

Le docteur l'ayant visitée, fut effrayé de l'état
de la plaie. « Quelque parti que je prenne, disait-
« il, je vois la sœur de l'Assomption (c'était le
« nom qu'elle portait alors en religion) en dan-
« ger d'une mort prochaine. Si on ne lui fait pas
« l'opération. elle mourra certainement et sous
« peu de jours, son mal empirant à vue d'œil ; et
« tenter l'opération, c'est lui donner presque in-
« failliblement le coup de la mort, n'y ayant
« quasi pas d'espérance qu'elle la soutienne et
« moins encore qu'elle en puisse guérir[1]. » Cependant le courage et la résolution de la malade,

---

[1] *Vie de la sœur Barbier. Mémoires*, etc., p. 154.

ou plutôt sa résignation parfaite et son indifférence à tout événement, déterminèrent le docteur à prendre jour pour l'opération, qui fut fixée au samedi 29 mai, veille de la Pentecôte.

Durant cet intervalle, il la prépara par divers remèdes qu'il lui prescrivit. De son côté, la sœur de l'Assomption se disposa à paraître devant Dieu par une confession de toute sa vie. Elle s'efforça surtout de détester les excès qu'elle avait commis sur elle-même par ses austérités indiscrètes et spécialement la liberté qu'elle s'était donnée d'appliquer fréquemment sur sa poitrine ces instruments de pénitence, armés de pointes de fer, qui avaient beaucoup contribué à son mal. Ce souvenir, qu'elle se rappelait alors avec douleur, lui offrait un nouveau motif et lui inspirait même une nouvelle force pour souffrir en esprit de pénitence les douleurs et les humiliations auxquelles elle se voyait exposée.

En vue d'attirer la bénédiction de Dieu sur le succès de l'opération, elle avait commencé, le lendemain même de son arrivée à Québec, une neuvaine en l'honneur de Saint-Joseph. Les religieuses de l'hôtel-Dieu de Québec s'unirent à elle dans cette neuvaine, et le samedi 29, où elles la terminèrent, et qui devait être le jour de l'opération, elles communièrent à cette intention ainsi que la sœur de l'Assomption qui reçut la sainte Eucharistie à la grille après toutes les religieuses.

Enfin, M. le docteur Sarrazin lui-même, ne pouvant guère compter sur les ressources de son art, eut aussi la dévotion de communier ce jour-là pour obtenir de Dieu le succès d'une opération si périlleuse.

Sa confiance ne fut pas vaine ; en très-peu de temps il fit l'opération avec tant de dextérité et d'intelligence qu'il en était ensuite lui-même surpris ne pouvant comprendre qu'elle eût été suivie d'un si heureux résultat. Ce succès remplit de joie toute la communauté des hospitalières qui semblèrent redoubler encore d'affection pour la sœur de l'Assomption et lui prodiguèrent en effet tous les soins imaginables. Malgré son humilité qui souffrait beaucoup de leurs attentions, elle se soumit cependant à tout avec cette manière simple et engageante qui lui était naturelle et qu'inspire toujours la vraie vertu. Mais durant sa convalescence, et lorsque la plaie était entièrement fermée, il reparut quelques symptômes qui firent craindre à M. Sarrazin que le mal ne revînt comme auparavant. La sœur de l'Assomption s'adressa alors à la très-Sainte-Vierge. Elle fit vœu d'aller en pèlerinage à Notre-Dame-de-Lorette, mission sauvage à trois lieues de Québec ; et à l'instant les symptômes dont nous parlons disparurent entièrement. Le lendemain, M. Sarrazin fut fort surpris de la trouver entièrement guérie ; car, dès ce jour, elle n'eut plus besoin de remèdes, et ne ressentit

même jamais plus aucune atteinte de ce mal. La
sœur s'empressa d'accomplir son vœu en faisant
le pèlerinage dont nous venons de parler. Elle eut
aussi la dévotion de faire celui de Saint-Joseph-de-
la-Pointe-de-Lévy pour témoigner à ce grand saint
sa juste reconnaissance ; et, enfin, après avoir
édifié par ses vertus les religieuses de l'hôtel-
Dieu, et toutes les personnes qui avaient eu occasion de la connaître, elle partit au mois de septembre 1700 pour se réunir à sa communauté[1].
« La sœur Marie Barbier de l'Assomption, rap-
« porte la mère Juchereau, dans son *Histoire de*
« *l'hôtel-Dieu de Québec,* s'en retourna l'automne
« à Montréal, parfaitement guérie, très-satisfaite,
« pleine de reconnaissance d'estime et d'amitié
« pour notre communauté où elle a toujours été
depuis fort chérie et considérée[2]. »

Ce fut surtout à la communauté de Villemarie
que la joie n'eut point de bornes, lorsque les sœurs
virent arriver en parfaite santé leur chère assistante qu'elles avaient cru perdre sans retour à son
départ pour Québec. Quelque bien rétablie qu'elle
parût être, elles l'obligèrent cependant à user de
divers ménagements. Enfin, l'année suivante, son
état n'inspirant plus aucune crainte, elle fut chargée du soin des écoles comme aussi de la direc-

1 *Vie de la sœur Barbier. Mémoires,* etc., p. 137.
2 *Hist.,* etc., p. 384. — *Mémoires,* etc., p. 137.

tion de la Congrégation externe, emplois pour lesquels elle avait toujours éprouvé un grand attrait.

Il serait difficile d'exprimer le zèle avec lequel elle s'en acquittait et les saintes industries dont elle se servait pour attirer ces jeunes cœurs en les attachant au culte de Marie. Lorsqu'elle remarquait dans quelques filles externes des dispositions particulières pour la piété, elle ne manquait pas de les associer à ses propres pratiques, surtout à l'approche des fêtes solennelles, à la célébration desquelles elle avait coutume de les préparer par ce moyen. Elle en usait de la même sorte à l'égard des jeunes sœurs de la Congrégation qui lui témoignaient plus d'ouverture. « Le « désir d'instruire les personnes de mon sexe, « écrivait-elle, a été en tout temps mon inclination « favorite. Il me semble que je vois Notre-Sei- « gneur marcher devant moi, m'appelant à sa « suite, parcourant les villes et les bourgades « pour travailler au salut des âmes et instruire « les ignorants; que je vois aussi Marie recueillir « les paroles de vie qui sortent de la bouche de « son divin Fils, et les conserver dans son cœur « pour les distribuer elle-même à propos et avec « une affection de mère à tous ceux qui viennent « avec confiance écouter ses leçons. Faire l'école, « le catéchisme, présider aux Congrégations, ce « sont là des emplois propres des Apôtres et la

« continuation de l'ouvrage du Sauveur [1]. »

La sœur de l'Assomption ne témoignait pas moins de zèle pour procurer la sanctification de sa communauté ; car ses exemples étaient pour toutes ses compagnes une exhortation puissante à la régularité et à la ferveur. Quoiqu'elle fût l'une des plus anciennes, et qu'elle eut été supérieure, elle était la plus soumise de toutes ses sœurs, et, jusqu'à sa mort, elle ne cessa de leur offrir le modèle le plus parfait de la vertu d'obéissance. « Je « ne trouve la tranquilité de l'esprit, écrivait-elle, « et la paix du cœur que dans l'obéissance ; et « j'ai peine à imaginer qu'on puisse refuser quel- « que chose à une supérieure qui nous tient la « place de Jésus-Christ et de sa très-Sainte-Mère. « Dans les emplois même les plus incompatibles « avec mes goûts, appuyée sur l'obéissance, j'ai « souvent trouvé un secours extraordinaire et « tout à fait surprenant. Suppléer sans murmure « aux emplois des autres, accepter de bon cœur « toutes les humiliations et la pénitence qu'on « pourrait nous imposer, ou plutôt *être toujours* « *prête à tout,* ce doit être la devise d'une sœur « de la Congrégation de Notre-Dame. »

Les heureuses influences que la sœur de l'Assomption exerçait ainsi sur la communauté furent cause qu'aux premières élections qui eurent lieu

1 *Vie de la sœur Barbier.* — *Mémoires,* etc., p. 138.

après sa guérison, on la nomma pour la troisième fois à la charge d'assistante. Elle se soumit aveuglément, quelque désir qu'elle eût toujours de vivre cachée. « J'ai besoin, écrivait-elle à cette oc-
« casion, de mettre en pratique l'abandon total
« que j'ai fait de moi-même à mon Dieu, et de me
« soumettre en toutes choses malgré tout ce que
« la nature peut en souffrir. J'ai pris le parti de
« ne pas l'écouter, pas plus qu'une bête de charge
« qu'on conduit où l'on veut. Je vois même avec
« plaisir que ma volonté est rompue quelquefois
« dans les choses que je croyais devoir procurer
« un plus grand bien. Tant mieux. Je n'ai jamais
« cru avoir plus d'esprit qu'une autre ; au con-
« traire, j'ai toujours préféré les autres à moi et
« suivi leur sentiment plutôt que le mien. Il me
« semble cependant qu'on eût mieux fait de me
« mettre à un autre emploi qu'à celui d'assistante.
« Mais au fond, tout doit m'être indifférent : être
« employée au grenier ou à la cave, aux champs
« ou à la ville[1]. »

Quelque haute estime qu'elle eût des fonctions de l'instruction, la sœur de l'Assomption fut ,en effet, toujours indifférente pour tous les emplois, même pour ceux qui concernaient le temporel et les soins matériels de la maison. C'est que, considérant ces derniers dans des vues chrétiennes, elle

---

1 *Vie de la sœur Barbier.* — *Mémoires*, etc., p. 140.

était assurée qu'en les exerçant par obéissance, elle ne rendait pas moins de gloire à Dieu et n'acquérait pas moins de mérites pour elle-même que si elle eût été chargée des fonctions les plus importantes de l'institut. « Dans les emplois les plus
« communs, les plus vils et les plus pénibles de
« la maison, quels qu'ils soient, écrivait-elle, je
« me consacre volontiers au service de mes sœurs
« pour leur laisser le temps et la facilité de mieux
« faire que moi dans les emplois plus importants,
« et je suis certaine par la foi, que je participe à
« toutes les bonnes œuvres qui me deviennent
« communes avec elles, par notre union en esprit
« de charité. »

Tout ce qu'on vient de voir des sentiments et des vertus de la sœur de l'Assomption montre assez combien cette sainte fille était remplie de l'esprit de la sœur Bourgeoys. Elle en faisait en effet revivre les saints exemples.

Elle vécut jusqu'à l'âge de 77 ans, et laissa, en mourant, une grande réputation de sainteté et un profond sentiment de vénération pour sa mémoire, sentiment qui, depuis, s'est perpétué d'âge en âge avec le souvenir de ses vertus.

ÉTAT DE LA CONGRÉGATION

DEPUIS LA SŒUR MARIE BARBIER JUSQU'A NOS JOURS.

———

Parmi les personnes qui auront lu cet opuscule et qui en auront admiré la principale héroïne, plusieurs se demanderont sans doute si l'œuvre de la sœur Bourgeoys n'est pas morte avec elle ou peu de temps après elle, et si cette œuvre subsiste encore.

Nous croyons devoir leur dire que, grâce à Dieu, cette œuvre est venue jusqu'à nous, et qu'en ce moment encore elle porte dans le Canada les fruits de vie qu'elle y porta dès le principe.

A la sœur Marie Barbier, dont nous venons de parler, succéda, en 1698, en qualité de supérieure de la Congrégation, la sœur Marguerite Le Moine, dite *du Saint-Esprit*. Elle fut confiée dès son enfance aux sœurs de la Congrégation et formée par la sœur Bourgeoys elle-même à l'esprit et aux vertus de sa vocation. Ayant été nommée maîtresse des novices, puis supérieure, elle exerça cette dernière charge pendant deux ans sous les yeux et pour ainsi dire à l'école de la digne fondatrice.

Tels étaient les services que les sœurs de la Congrégation rendaient à la colonie, telle était la sagesse qu'elles faisaient paraître et la bonne odeur de vertus qu'elles répandaient partout, que, sous l'administration de la sœur Le Moine, plusieurs habitants de Québec, en tête desquels était M. de Saint-Vallier, évêque de cette ville, voulurent fonder à Québec une maison de sœurs de la Congrégation, indépendante de celle de Villemarie. Mais, et la sœur Bourgeoys qui vivait encore quand ce projet fut conçu et la sœur Le Moine, qui était alors supérieure, le repoussèrent, et il fut abandonné. Le nombre des sœurs qui étaient à Québec fut seulement augmenté.

Les sœurs de la Congrégation ayant été appelées à Québec, en 1686, pour y donner naissance à l'établissement de la *Providence*, qui ne se soutint pas, furent d'abord nommées dans cette ville : *sœurs de la Providence* et connues vulgairement sous ce nom pendant bien des années. C'est ainsi qu'on les trouve désignées dans un mémoire sur le Canada, de l'année 1705, adressé au ministre de la marine : « Il y a à Québec, lit-on dans cet « écrit, une communauté de filles appelées *de la*

« *Providence,* sorties de Troyes, en Champagne,
« qui ne gardent point la clôture. Elles reçoivent
« des pensionnaires et s'appliquent à enseigner
« dans les petites écoles une multitude d'enfants,
« ce qu'elles font avec beaucoup de bénédic-
« tion [1]. »

Dans les huit missions dont elles étaient chargées, en 1701, les sœurs enseignaient gratuitement
les enfants et vivaient toutes du travail de leurs
mains [2].

En 1706, le gouverneur général et l'intendant
du Canada écrivaient au ministre de la marine
pour lui recommander la mission de la Sainte-
Famille, dans l'île d'Orléans.

Deux autres missions, celle de Champlain et
celle de la Chine, fondées d'abord et ensuite abandonnées, furent rétablies sous le supériorat de la
sœur Le Moine qui en forma, en outre, deux nouvelles, celle de Boucherville et celle de la prairie
de la Madeleine.

Dans le même temps, la communauté se composait de cinquante-quatre sœurs que les circonstances réduisaient souvent aux plus dures priva-

---

1 *Archives de la Marine,* 1705. *Mémoires* sur les affaires du
Canada. *État des biens de communautés,* dressé par M. de Cal-
lière et de Champigny. Sœurs de Québec. *Mémoires,* etc., t. II,
p. 164.

2 *Rapport* de la sœur Marie-Madeleine Asselin, dite de Saint-
Ignace, supérieure de la mission de Québec, au gouverneur général et à l'intendant du Canada. *Mémoires,* etc., t. II, p. 164.

tions et aux nécessités les plus extrêmes. Ainsi, en
1705 et 1706, alors que l'Angleterre était en guerre
avec la France, les sœurs de la Congrégation furent réduites à fabriquer elles-mêmes de l'étamine
noire pour leurs robes. Ce fait et la perfection de
la fabrication de ces pieuses filles sont attestés par
l'intendant du Canada, qui écrivait au ministre de
la marine : « A Montréal, les sœurs de la Congré-
« gation m'ont fait voir de l'étoffe qu'elles ont
« faite pour leur habillement, qui est aussi belle
« que celle qui se fait en France[1]. »

Les services de tout genre que ces dignes servantes de Jésus et de Marie rendaient à la colonie
furent tellement appréciés, notamment à Villemarie, qu'en 1700, le conseil de fabrique de cette
paroisse leur accorda le privilége d'avoir gratuitement leur sépulture à l'église paroissiale, dans la
la chapelle dite de l'Enfant-Jésus : « La paroisse,
« lit-on dans l'acte de ce privilége, voulant avoir
« cette reconnaissance pour leur bons et pieux
« exemples et pour les services qu'elles lui ren-
« dent par l'instruction des filles, leur accorde,
« etc.[2] »

Ce témoignage doit être regardé comme l'ex-
pression sincère de l'estime publique que les sœurs

---

1 *Archives de la Marine.* Lettre de M. de Régon au ministre,
du 12 novembre 1714. *Mémoires*, etc., t. II. p. 186, 187.

2 Registre des délibérations de la paroisse de Villemarie, 17
anvier 1700. *Mémoires*, etc., t. II, p. 188.

s'étaient acquise à Villemarie, et partout où elles étaient répandues.

Il n'y avait, en effet, qu'une seule voix parmi les écrivains de ce temps, pour rendre hommage aux importants services qu'en recevait la colonie. « Les sœurs de la Congrégation, dit le Père Le « Clerq, récollet, produisent de grands fruits à « Montréal; elles tiennent les écoles pour les ex- « ternes, entretiennent des pensionnaires, élèvent « les jeunes filles, non-seulement à la piété, mais « encore aux petits ouvrages de leur sexe, et for- « ment des maîtresses d'école pour les villages du « Canada[1]. » M. de Champigny, écrivant au mi- nistre, lui disait : « Elles ont dans leurs écoles un « grand nombre de petites filles ; elles leur ap- « prennent à travailler en couture, à tricoter et à « faire toutes sortes d'ouvrages, et les élèvent « bien[2]. » M. de Ramezay, gouverneur de Mont- réal, lui écrivait de son côté : « Les sœurs de la « Congrégation sont très-utiles pour l'instruction « des filles[3]. » Enfin ce n'étaient pas seulement les magistrats, les religieux, les ecclésiastiques, les personnes de piété qui professaient cette es- time ; les hommes les plus engagés dans le monde

---

1 *Premier établissement de la Foi*, t. II, p. 59, 60.

2 *Archives de la Marine*. Etat des bienfaits que S. M. ac- corde, 25 novembre 1696.

3 *Archives de la Marine*. Lettre de M de Ramezay, du 12 novembre 1707. *Mémoires*, etc., t. II, p 189.

ne pouvaient s'empêcher de la partager eux-mêmes, dès qu'ils avaient fait quelque séjour dans le pays. Un militaire fort connu par l'*histoire de l'Amérique septentrionale* qu'il donna au public, M. Bacqueville de la Potherie, leur offrait, vers l'année 1702, ce juste tribut d'hommage : « Les « filles de la Congrégation, établies à Montréal et « dans les grandes paroisses du pays, rendent de « grands services pour l'instruction et l'éducation « des filles, qui n'en sortent que très-bien éle-« vées [1]. »

Aussi, MM. Randot, qui succédèrent à M. de Champigny dans la charge d'intendant du Canada, ne manquaient pas, dans leurs dépêches à la cour, de faire l'éloge de la Congrégation et de demander des secours pour qu'on pût former de nouvelles maisons de cet institut dans les paroisses qui en manquaient. « Les sœurs de la Congrégation, écri-« vaient-ils, ne peuvent être plus utiles qu'elles « ne le sont à cette colonie, par les établissements « qu'elles ont dans les villes et dans les côtes ; « elles apprennent à lire et à travailler aux jeunes « filles, les prennent en pension pour une certaine « quantité de blé et de lard qu'on leur donne par « an ; et par leurs soins elles tirent une partie de « la jeunesse de ce pays de l'ignorance crasse où

---

1 *Histoire de l'Amérique septentrionale*, 1722, in-12, t. Ier, p. 339. *Mémoires*, etc., t. II, p. 190.

« elle serait sans elles. Il y a encore plusieurs
« côtés où les sœurs de la Congrégation ne sont
« point établies et où elles seraient très-néces-
« saires. Si vous vouliez, Monseigneur, accorder
« quelques fonds pour ces établissements, cela fe-
« rait un bien considérable au pays[1]. »

Cependant la sœur du Saint-Esprit, ayant gou-
verné l'institut pendant dix années consécutives,
se démit de sa charge, et on élut pour la remplacer
la sœur Catherine Charly, qui fut ainsi la quatrième supérieure de la Congrégation. Sa mère,
Marie du Mesnil, avait fait, en 1654, la traversée
de France à Villemarie avec la sœur Bourgeoys.
l'année suivante elle épousa, à Montréal, André
Charly. De ce mariage naquit, en 1666, Catherine
Charly, qui fut confiée à la sœur Bourgeoys, à qui
elle se donna dès l'âge de treize ans pour la servir dans son institut. Ses vertus et ses qualités la
firent élever de bonne heure aux premiers emplois de la communauté, et elle était maîtresse des
novices lorsque, vers la fin de l'année 1799, elle
fut atteinte d'une grave maladie qui la conduisit
aux portes du tombeau et qui donna lieu à la sœur
Bourgeoys de faire briller son dévouement et de
manifester sa charité pour cette vertueuse sœur, et
l'estime qu'elle avait pour son rare mérite. Comme

1 *Archives de la Marine.* Lettre de MM. Raudot, 8 octobre
1708. *Mémoires,* etc., t. II, p. 190.

on n'attendait plus que la mort de la malade, la
sœur Bourgeoys, considérant les grands services
que la sœur Charly pouvait encore rendre à la
Congrégation, s'offrit à Dieu en sa place et mourut,
en effet, au bout de quelques jours, tandis que,
contre l'attente générale, la sœur Charly revint à
la vie et à la santé.

Par reconnaissance et par vénération pour la
sœur Bourgeoys, elle quitta le nom de religion
qu'elle avait porté jusqu'alors et prit celui de
sœur du Saint-Sacrement, qui avait été celui de la
sœur Bourgeoys. Enfin, après que la sœur Le
Moine se fut démise, en 1708, elle fut élue pour
lui succéder, étant alors âgée de 42 ans[1].

Dieu bénissait visiblement la Congrégation ;
car, malgré plusieurs épreuves qu'il lui fallut traverser, elle augmenta considérablement en nombre, puisqu'en 1716 elle se composait de quatre-
vingts sœurs dont la mère Juchereau, supérieure
de l'hôtel-Dieu de Québec, dit dans son histoire
de cet établissement, qu'elle écrivait alors : « La
« sœur Bourgeoys laissa pour héritage à ses filles
« ses vertus et son esprit, qu'elles conservent plus
« chèrement qu'elles ne feraient des plus riches
« successions des biens créés[2]. »

1 *Mémoires*, etc., t. II, p. 194.
2 *Histoire de l'hôtel-Dieu de Québec*, in-12, p. 125. *Mémoires*, t. II, p. 254.

En 1706, M. de Saint-Vallier, écrivant aux fermiers du domaine pour leur demander, en faveur des sœurs de la Congrégation, l'amortissement d'un fief qu'elles possédaient, leur disait : « J'ose « prendre la liberté, messieurs, de vous deman- « der la remise des droits de lots et ventes qui « vous sont dus par les filles de la Congrégation « séculière de Montréal, qui ont fait l'achat d'une « troisième partie de l'île Saint-Paul. Je n'exagè- « rerai point, messieurs, en vous assurant qu'un « établissement aussi nécessaire pour l'instruction « des filles que l'est celui des sœurs de la Con- « grégation dans mon diocèse, a été fait comme par « miracle par une pauvre fille qui, avec une pièce « de trente sols, commença cette maison pour les « établir. Elles ont été longtemps sans aucun re- « venu, vivant du travail de leurs mains dans les « villes et dans les missions où elles sont em- « ployées. Le revenu qu'elles ont fait pour leur « industrie est si peu de chose, pour le soutien de « quatre-vingts sœurs, répandues dans mon dio- « cèse, qu'en vérité vous auriez plus d'envie de « leur donner que de leur demander, si vous les « voyiez de près comme je le fais. Elles n'ont osé « jusqu'ici vous en faire la demande, parce qu'elles « ont appréhendé d'écrire à des personnes aussi « puissantes que vous l'êtes. Mais M. de Monsei- « gnat (directeur de la ferme d'Occident, à Qué- « bec) les pressant de payer, ce qu'elles ne sont

« pas en état de faire, je me joins à elles pour ob-
« tenir de vous cette grâce. Je la sollicite d'au-
« tant plus volontiers que je dois leur rendre cette
« justice de vous dire, messieurs, que ces filles,
« qui sont très-pauvres et très-vertueuses, sont
« très-nécessaires dans un grand diocèse comme
« celui-ci, pour l'instruction des personnes de
« leur sexe, qu'elles donnent gratuitement. J'ose
« vous assurer que, par ce don que vous leur fe-
« rez, vous attirerez des grâces abondantes sur vos
« personnes et sur vos familles, et je prierai Notre-
« Seigneur avec ferveur de vous en tenir bon
« compte [1]. »

Cette lettre fait trop d'honneur au prélat qui l'a
écrite, aux sœurs qui en étaient l'objet et à leur
sainte fondatrice pour que nous ne l'ayons pas re-
produite ici. Elle eut le résultat qu'elle devait
avoir ; et quoi que la ferme des domaines fût alors
dans une très-mauvaise situation, les fermiers répondirent qu'ils ne demandaient d'autre indem-
nité qu'une part aux prières des sœurs [2].

A la lettre qu'on vient de lire, joignons l'éloge
que fait des sœurs de la Congrégation de Notre-
Dame de Villemarie un célèbre voyageur, qui visita le Canada au mois de mars de l'année 1721.

---

1 *Archives de la Congrégation.* Lettre de M. de Saint-Vallier
aux fermiers du domaine. *Mémoires*, etc., t. II, p. 260, 261.

2 *Archives de la Congrégation.* Lettre des fermiers du domaine à M. de Belmont, du 10 juin 1717.

Le Père de Charlevoix, jésuite, fut si édifié et si frappé des fruits que produisait partout cet institut, qu'il crut devoir en parler en ces termes dans son *Journal historique* et dans son *Histoire de la Nouvelle-France,* qu'il donna ensuite au public :
« La maison des filles de la Congrégation à Mont-
« réal, quoi qu'une des plus grandes de la ville,
« est encore trop petite pour loger une si nom-
« breuse communauté. C'est le chef-d'œuvre et le
« noviciat d'un institut qui doit être d'autant plus
« cher à la Nouvelle-France, et à cette ville en
« particulier qu'il y a pris naissance, et que toute
« la colonie se ressent des avantages que lui pro-
« cure un si bel établissement[1]. La Nouvelle-
« France, dont il est aujourd'hui un des plus
« beaux ornements, le doit à Marguerite Bour-
« geoys qui a rendu son nom cher et respectable
« à toute la colonie par ses éminentes vertus et
« par l'institut des filles de la Congrégation, dont
« l'utilité augmente tous les jours avec le nombre
« de celles qui l'ont embrassé[2]. »

« Sans autre ressource que son courage et sa
« confiance en Dieu, elle entreprit de procurer à
« toutes les jeunes personnes, quelque pauvres et
« quelque abandonnées qu'elles fussent, une édu-

1 *Histoire de la Nouvelle-France,* tom. III. *Journal,* page 139.
2 *Ibid.,* t. I, p. 312, 313. *Mémoires,* etc., t. II, p. 272.

« cation que n'ont point, dans les royaumes les
« plus policés, beaucoup de filles, même de con-
« dition. Elle y a réussi au point qu'on voit tou-
« jours avec un nouvel étonnement des femmes
« jusque dans le sein de l'indigence et de la mi-
« sère, parfaitement instruites de leur religion,
« qui n'ignorent rien de ce qu'elles doivent sa-
« voir pour s'occuper utilement dans leurs fa-
« milles, et qui, par leurs manières, leur façon
« de s'exprimer et leur politesse, ne le cèdent
« point à celles qui, parmi nous, ont été élevées
« avec plus de soin. C'est la justice que rendent
« aux filles de la Congrégation tous ceux qui ont
« fait quelque séjour au Canada[1]. »

La cinquième supérieure de la Congrégation fut
la sœur Marguerite Trottier, dite Saint-Joseph.

Elle aussi avait connu la sœur Bourgeoys ; elle
aussi avait été formée aux vertus de la vie religieuse par cette sainte fondatrice ; ce fut d'elle
qu'elle reçut l'habit avec sa sœur. Après sa profession, elle fut désignée pour la mission de Château-Richer, près de Québec. Comme elle était
alors fort jeune et très-affectionnée à la communauté de Villemarie, où elle avait demeuré depuis
son enfance, elle se mit à verser une grande abondance de larmes en disant adieu à ses sœurs.

1 *Histoire de la Nouvelle-France*, livre III, tom. I, p. 343.
Mémoires, etc., tom. II, p. 272, 273.

« Notre vénérée mère Bourgeoys, écrit-elle, re-
« marquant combien j'étais peinée et affligée de
« laisser la communauté pour aller en mission,
« eut la bonté de me parler pour m'encourager à
« bien faire cette démarche, qui me coûterait
« beaucoup ; et me dit : *Pensez, ma chère, enfant,*
« *qu'allant en mission vous serez assez heureuse,*
« *en retirant les enfants de l'ignorance, de ramas-*
« *ser les gouttes du sang de Notre-Seigneur, qui se*
« *perdent.* Ces paroles me firent une impression
« si vive, que, dans le moment, je ne ressentis
« plus rien de cette grande affliction. Depuis,
« elles m'ont souvent excitée à bien m'acquitter
« de mes obligations auprès des enfants ; et je ne
« puis dire combien j'en reçois encore de force,
« quand je me trouve abattue dans mon emploi [1]. »

Le supériorat de la sœur Marguerite Trottier fut
marqué par l'établissement de la mission de Louisbourg, dans l'île Royale, et celui de la sœur Guillet,
dite sœur Sainte-Barbe, par la fondation, en 1732,
de la mission de Saint-Laurent dans l'île de
Montréal.

Mais il en est des communautés religieuses
comme des individus : *tous ceux qui veulent vivre*
avec piété, doivent s'attendre à des épreuves[2], et

---

1 *Archives de la Congrégation.* Lettre de la sœur Trottier à
M. Glandelet. *Mémoires,* etc., t. II, p. 286, 287.

2 *Omnes qui piè volunt vivere in Christ persecutionem pa-*
tientur, II, tim. III, 12.

c'est à toute institution pieuse aussi bien qu'à tout homme juste qu'il est dit : *parce que tu étais agréable à Dieu, il a fallu que la tentation t'éprouvât* [1]. Les tempêtes renversent ce que Dieu veut détruire ; mais elles battent seulement ce que Dieu ne veut qu'éprouver.

Or, nous avons vu la Congrégation de Notre-Dame de Villemarie, l'œuvre de la sœur Bourgeoys, passer déjà par bien des tribulations. Les privations fréquemment répétées de logement, de vêtements et même de pain [2], les incendies [3], les trombes [4], les efforts faits, à diverses reprises, et par le pouvoir civil [5] et par l'autorité ecclésias-

---

1 *Et quia acceptus eras Deo, necesse fuit ut tentatio probaret te.* Tob. XII, 13.

2 Comme on l'a vu dans l'*Éloge historique de la sœur Bourgeoys,* dans la *Notice sur la sœur Marie Barbier* et dans cet *État de la Congrégation depuis la sœur Barbier jusqu'à nos jours.*

3 Outre l'incendie dont nous avons déjà parlé et qui eut lieu en 1683, du vivant de la sœur Bourgeoys, la Congrégation eut à essuyer celui qui dévora, en 1754, Notre-Dame de Bon-Secours et celui qui détruisit les bâtiments de la Congrégation, en 1768.

4 Le 7 octobre 1755, un coup de vent des plus violents qu'on eût ressenti de mémoire d'homme renversa de fond en comble, à Louisbourg, le bâtiment des sœurs, à peine relevé de l'état de ruine où l'avaient mis les Anglais, huit ans auparavant.

5 En 1708, le gouvernement du roi (Louis XIV) avait voulu porter atteinte à la liberté et à l'indépendance spirituelle des sœurs en leur défendant la clôture et les vœux et en les obligeant à exiger une dot de leurs novices, avant de les admettre à la profession.

tique[1] pour porter la main à l'arche sainte de
l'esprit primitif de l'institut, les troubles suscités
par l'esprit d'erreur et de mensonge au sein même
de la communauté[2], et mille autres difficultés
vinrent tour à tour purifier cette institution,
comme le feu purifie l'or, et la fortifier, comme le
vent fortifie l'arbre qui est bien et solidement en-
raciné.

Et ce fut surtout à l'époque où nous en sommes
qu'eurent lieu les grandes épreuves. Deux fois, en
moins de treize années, en 1345 et en 1358, la
mission de Louisbourg fut ruinée par les Anglais ;
la maison en fut pillée et d'étruite et les sœurs
transportées en France. En 1659, ces mêmes Anglais, ayant assiégé et pris Québec, brûlèrent dans
cette ville la maison qu'y occupaient les sœurs, et
celles-ci furent obligées d'aller se réfugier à Villemarie. Les vainqueurs occupèrent aussi militaire-

---

1 M. de Saint-Vallier, évêque de Quebec, tenta 1° de fondre
l'institut de la Congrégation dans celui des Ursulines de Québec ;
2° d'imposer aux sœurs de la même Congrégation la clôture ;
3° de les contraindre aussi à exiger une dot de leurs professes ;
4° de les forcer à faire des vœux ; 5° d'établir à Québec une
maison indépendante de celle de Villemarie, etc., etc.

2 Dans les dernières années de la sœur Bourgeoys, une sœur
Tardy, qui n'était que visionnaire et qui se donnait comme ins-
pirée, suscita un orage qui faillit ruiner les trois communautés
de Villemarie, et, en l'année 1727 et suivantes, une autre sœur
dite de la Conception, s'éloignant des voies de l'obéissance et se
croyant favorisée des lumières extraordinaires, donna des peines
à ses supérieurs et rendit inutiles les dons qu'elle avait reçus.

ment la maison que la Congrégation possédait à la Pointe-aux-Trembles et à l'Ile-d'Orléans. La mission de Château-Richer fut également détruite alors pour ne plus se relever. La ville même de Montréal tomba au pouvoir des vainqueurs le 8 septembre 1760.

Dans la perspective de ce dernier malheur, qui était alors imminent, M. Jollivet, curé d'office de Montréal, s'écriait dans l'oraison funèbre de M. de Pontbriand, évêque de Québec, mort au séminaire de Saint-Sulpice, le 8 du mois de juin 1760 : « Pleurez, infortunée colonie, pleurez,
« parce que, le pasteur frappé, vous avez tout
« lieu de craindre de voir bientôt le troupeau dis-
« persé, et d'être comme des brebis errantes,
« sans pasteur et sans guide, exposées à la fu-
« reur des loups. Pleurez, terres fécondes en
« fruits de grâce et de salut; pleurez, dans la
« crainte de voir bientôt le froment des élus ravagé
« par les incursions des méchants, ou étouffé par
« l'ivraie que l'homme ennemi y fera croître en
« abondance; » et s'adressant aux sœurs de la Congrégation présentes à ce discours : « Pleurez, vier-
« ges sages, consacrées à Dieu, pleurez la perte de
« la vigne qui donnait à vos âmes ce vin délicieux,
« qui entretenait la ferveur parmi vous et y faisait
« germer la grâce et la pureté virginale [1]. »

1 *Archives du séminaire de Villemarie. Mém.*, t. II, p. 392.

Cependant le Dieu qui frappe et qui guérit, qui afflige et qui console, ménageait aux sœurs, dans l'établissement de la mission de Saint-François de la Rivière du Sud, établissement qui se fit cette même année, 1760, sous le supériorat de la sœur Marguerite de Langloiserie, un adoucissement à tant de maux. En envoyant deux sœurs dans cette mission, la supérieure écrivait à M. Bédard qui en était curé : « Voilà enfin vos pieux désirs accom-« plis.... Je vous envoie deux de nos sœurs.... « Quoique nous devions nous abandonner à la di-« vine Providence, je vous avoue cependant que je « suis un peu inquiète de leur petit temporel, pour « cette première année. Nous leur avons fourni ce « qui leur était absolument nécessaire, selon notre « petit pouvoir. Dans les malheureuses années où « nous sommes, nous avons nous-mêmes bien de « la peine à vivre ; mais nous aimons mieux nous « endetter, que de laisser nos chères sœurs dans « une trop grande indigence. J'espère que le Sei-« gneur, touché de notre situation, ne nous aban-« donnera pas[1]. »

Dieu, en effet, bénit cette œuvre ; car, dès l'an-née suivante, les sœurs eurent une maison conve-nable. « Il est vrai, dit M. Faillon, que les deux « sœurs chargées de cette mission, comme dignes

---

1 *Archives de la Congrégation. Mémoires*, etc., tom. II, page 392.

« filles de la sœur Bourgeoys, mirent elles-mêmes
« la main à l'œuvre. Elles travaillèrent à latter et
« à calfater l'intérieur et l'extérieur de la maison,
« comme auraient pu le faire deux bons ouvriers,
« prenant même sur leur sommeil une partie du
« temps qu'elles employaient à cet ouvrage. Bien
« plus, elles entreprirent d'applanir le chemin,
« arrachant de leurs mains les souches et les
« troncs d'arbres, minant encore d'énormes ro-
« chers qui masquaient la façade de la maison ;
« et un tel dévouement de leur part excita l'ému-
« lation de plusieurs habitants, qui voulurent con-
« tribuer par le travail de leurs mains à l'avance-
« ment d'un ouvrage si utile au pays [1]. »

A la satisfaction que causa à tout l'institut de la
Congrégation l'établissement de la nouvelle mission de Saint-François de la Rivière du Sud, succéda bientôt une grande désolation. Un furieux
incendie avait déjà, en 1754, consumé la chapelle
de Notre-Dame de Bon-Secours, qui appartenait à
la communauté des sœurs de la Congrégation ; et,
en 1765, un nouveau sinistre qui réduisit en cendres plus de cent vingt maisons et consuma même
l'hôpital général, vint se joindre, pour exercer la patience des sœurs, aux suites de la guerre et de
l'invasion britannique. Mais ce malheur, quelque

---

1 *Mémoire particulier sur la Congrégation. Mémoires*, etc.,
t. II, p. 395.

grand qu'il fût d'ailleurs, fut assurément moins dèsastreux pour elles que l'incendie qui éclata dans leur propre maison le 11 avril 1768, et qui, en quelques heures, réduisit les sœurs de la Congrégation au même état de dénûment où elles s'étaient trouvées du temps de leur fondation après une semblable catastrophe. Car tous leurs bâtiments et leurs menbles furent entièrement consumés, ainsi que leur église et celle de Notre-Dame de la Victoire. Dieu permit sans doute que la Congrégation èprouvât les rigueurs de cet affreux incendie pour montrer ensuite avec plus d'évidence qu'il était le seul soutien invisible de cette communauté, et pour mettre ces sœurs à même de donner une preuve éclatante de leur attachement à leur communauté, et une preuve non moins grande de leur pieux héroïsme. Voici comment, d'après un *Mémoire particulier sur la Congrégation,* M. Faillon raconte ce fait :

« Parmi les sœurs qui restèrent à l'hôtel-Dieu,
« après l'incendie, celles qui n'étaient pas em-
« ployées aux classes se rendaient tous les jours,
« dès le matin, après la sainte messe, sur les
« ruines de leur maison, et tàchaient de retirer
« du milieu des décombres ce que le feu avait
« épargné, comme les ferrures et tout ce qui pou-
« vait être encore utile. Mais l'hiver étant fort
« long cette année, elles eurent beaucoup à souf-
« frir de ce pénible travail. Le soir, elles retour-

« naient à l'hôtel-Dieu, tout épuisées de fatigues,
« leurs habits trempés d'eau et leurs chaussures
« si mouillées, qu'elles ne pouvaient les quitter
« qu'à l'aide les unes des autres. Elles faisaient
« ensuite leurs exercices de piété. Avant de prendre
« leur sommeil, elles étendaient leurs vêtements
« pour les faire sécher durant la nuit, n'en ayant
« point d'autres pour changer. Mais comme elles
« étaient sans feu dans leur nouveau dortoir (de
« l'hôtel-Dieu), et que le froid ne cessait pas, elles
« les retrouvaient, le matin, tout glacés et pe-
« sants, et étaient contraintes de les reprendre
« dans cet état pour retourner à l'ouvrage. Aussi
« plusieurs en contractèrent de graves infirmités
« qui abrégèrent leurs jours. Dans l'état de dé-
« nûment où se trouvait la communauté, elle ne
« pouvait espérer de se rétablir qu'en s'imposant
« longtemps beaucoup de privations. La sœur
« Maugue, supérieure de la Congrégation, crai-
« gnant que les postulantes et les novices, qu'elle
« avait auprès d'elle, n'eussent pas assez de géné-
« rosité pour se condamner à tant de sacrifices,
« leur proposa d'entrer dans d'autres communau-
« tés, ou de retourner chez leurs parents. En di-
« gnes filles de la sœur Bourgeoys, cette ardente
« amante de la croix et de la pauvreté du Sau-
« veur, elles répondirent toutes qu'elles étaient
« résolues à persévérer jusqu'à la mort dans leur
« vocation ; qu'enfin elles s'estimeraient heureuses

« de contribuer par leurs faibles efforts au réta-
« blissement de leurs sœurs, et de partager leurs
« privations et leurs souffrances[1]. »

Mais cette épreuve eut un terme. Les diverses
missions envoyèrent pour la reconstruction de la
maison de Montréal tout ce dont elles purent se
priver elles-mêmes, comme vivres, linge, argent,
ustensiles de ménage ; et plusieurs personnes
ayant fait, pour le même objet, des dons considérables, la maison des sœurs et l'église ou chapelle
de cette maison furent rebâties en peu de temps
dans de plus grandes proportions qu'auparavant.
L'année suivante (1769) on reconstruisit aussi la
chapelle de Notre-Dame de la Victoire.

Il en fut de même du bâtiment de la mission de
Québec, ruiné lors du siége de cette ville par les
Anglais, dix ans au paravant, et qui fut relevé de
ses ruines en 1770.

On rebâtit également, à Villemarie, en 1771,
1772 et 1773 Notre-Dame de Bon-Secours.

L'année 1774 fut marquée, pour la Congrégation, par un événement bien important et qui com-
bla d'une grande joie la Congrégation.

M. Briand, évêque de Québec annula, en vertu
de son autorité, tous les changements que ses pré-
décesseurs avaient faits aux règles, telles que les

1 *Mémoire particulier de la Congrégation. Mémoires*, etc.,
t. II, p. 417.

avait tracées la sœur Bourgeoys *qui n'avait été,* dit le prélat, *conduite en tout que par l'esprit de Dieu, dont les desseins ne changent pas*[1].

Le Dieu qui fait succéder la sérénité à l'orage et l'allégresse aux larmes[2] ménageait à cette communauté, auparavant si éprouvée, une autre satisfaction : le vénérable M. Montgolfier, vicaire général, supérieur du séminaire de Villemarie, composa, vers le temps dont nous parlons, c'est-à-dire en 1779 et 1780, une *Vie de la sœur Jeanne Le Ber* et une autre de *la sœur Bourgeoys,* ouvrages d'outant plus précieux qu'ils furent composés à une époque où vivaient encore plusieurs anciennes sœurs qui avaient connu Mlle Le Ber et où le souvenir des actions et des paroles de la fondatrice de la Congrégation était encore assez frais. Il disait, dans une observation préliminaire, en parlant de cette dernière : « La vénérable sœur Bour-
« geoys a paru avec tant d'éclat et a pris une si
« grande part dans l'établissement de Villemarie;
« elle y tient encore aujourd'hui, par son institut,
« un rang si distingué, non-seulement dans l'or-
« dre de la religion, mais encore dans celui de la
« société civile, qu'il n'est pas possible de la bien
« faire connaître, sans remonter aux premiers

---

1 *Archives de la Congrégation.* Ordonnance du 20 juin 1774. *Mémoires,* etc., t. II, p. 437.

2 *Post tempestatem tranquillum facis, et post lacrymas exultationem infundis.* Tob.

« temps de cet établissement où elle se trouva
« comme associée par sa vertu et ses travaux à
« cette illustre compagnie (de Saint-Sulpice) qui a
« fondé Villemarie. Nous la verrons après s'être
« concilié l'estime et l'affection de ce grand nom-
« bre de personnes recommandables, s'élever au-
« dessus de la plupart d'entre elles et les effacer
« presque toutes par l'éclat de ses vertus, et sur-
« tout par le bien, toujours subsistant, de la Con-
« grégation qu'elle a établie et qui éternisera sa
« mémoire[1]. »

L'arbre saint de cette Congrégation étendait
aussi ses rameaux. Sous le supériorat de la sœur
Marie Raizenne, en 1783 et 1784, il se forma deux
nouvelles missions, celle de Saint-Denis et celle
de la Pointe-Claire. Une autre fut établie, en 1809,
dans la paroisse de la Rivière-Ouelle. La paroisse
de Saint-Hyacinthe de Yamaska en eut une sous
la sœur Louise Compain, quatorzième supérieure,
et la paroisse de Sainte-Marie, de la Nouvelle-
Beauce, en fut dotée en 1823. On abandonna, en
1824, la mission de Saint-Laurent, dans l'île de
Montréal, parce qu'elle n'offrait plus alors assez
d'occupation ; mais on en créa deux nouvelles :
celle de la paroisse de Berthier, en 1825, et celle
de Terrebonne, en 1826.

---

1 *Archives de la Congrégation. — Vie de la vénérable sœur
Bourgeoys*, Préface, p. III et IV. *Mémoires*, etc., tom., II, p.
454.

Vers la fin du xviiie siècle et les premières années du xixe, les sœurs de la Congrégation, toujours avides de faire du bien à la jeunesse de leur
sexe, ouvrirent successivement, à Villemarie, un
grand nombre d'écoles, dont trois au faubourg
Saint-Laurent, six classes au faubourg de Québec,
dont deux pour les Islandaises, trois classes au
faubourg Saint-Antoine, trois autres au faubourg
Saint-Joseph, deux classes aux Récollets pour les
Islandaises. Environ quinze cents enfants sont instruites et élevées gratuitement dans toutes ces
écoles. En outre, les sœurs de la Congrégation ont
trois établissements dans leur propre maison : le
pensionnat qui se compose de six classes; la
grande école, qui a trois classes, et la petite école,
qui en a deux.

Ajoutons qu'en 1833 Saint-Eustache eut une
mission. Kingston, dans le haut Canada, en obtint
une en 1841. Châteauguay en 1844. Celle de la
prairie de la Madeleine et celle de Boucherville,
interrompues depuis peu, furent rétablies dans
cette même année. A Québec, l'école des sœurs de
la Congrégation compte sept à huit cents élèves.
Leur programme d'instruction comprend toutes
les branches utiles et agréables de l'enseignement
qu'on donne aux filles, comme l'anglais, la mu-
sique vocale et instrumentale, le dessin, la broderie, etc.

Monseigneur Bourget, évêque de Villemarie,

ayant pris, en 1846, le titre et les fonctions de
supérieur des sœurs de la Congrégation, sous un
tel supérieur, cette sainte communauté a vu se
multiplier extraordinairement le nombre de ses missions ou établissements d'instruction. Ainsi celle
de l'Assomption, rivière de Hachigong, fut établie
en 1847 ; celle de Sainte-Thérèse est de la même
époque. Cette même année encore vit les commencements de celle de Saint-Jean Dorchester-Labaie.
Saint-Paul, au diocèse de Québec, eut le même
avantage en 1848. En 1849 ce fut le tour de la
paroisse Sainte-Croix, et enfin, en 1852, celui de
Sainte-Anne d'Yamachiche [1].

Voilà, habitants de Troyes, ce qu'ont été depuis
plus de deux cents ans et ce que sont encore de
nos jours l'institution et la famille spirituelle de
votre sainte et illustre compatriote. Cette institution, cette famille sont telles qu'un éminent prélat,
Monseigneur Bourget, évêque de Villemarie an-
nonçant, en 1842, aux sœurs de la Congrégation
sa prochaine visite pastorale, leur disait dans un
mandement : « Depuis que nous connaissons votre
« institut, et que nous sommes à même d'appré-
« cier les avantages qu'en retirent la religion et
« l'éducation en ce pays, nous lui avons toujours
« porté l'intérêt le plus vif. L'œuvre sublime que

1 *Mémoires*, etc., t. II, p. 496.

« vous a confiée la divine Providence et que vous
« remplissez avec tant de zèle, nous est tellement
« chère, que nous ne cessons de bénir le Seigneur
« de ce qu'il lui a plu de choisir cette ville pour
« en être le berceau. La régularité qui, grâce à
« Dieu, a toujours régné dans votre communauté,
« prouve que vous n'avez pas été infidèles à la vo-
« cation de Dieu qui vous a établies à Villemarie
« pour honorer son auguste Mère et imiter ses
« vertus. Les succès, toujours croissants, qu'ob-
« tiennent vos travaux en donnant l'éducation aux
« personnes de votre sexe, montrent aussi que le
« Seigneur est avec vous pour vous assister dans
« cette pénible fonction. Aussi faites-vous notre
« gloire comme l'un des plus beaux ornements
« de notre diocèse. »

Voilà ce qu'a été la sœur Bourgeoys, que le
même évêque proclame *évidemment suscitée de
Dieu pour tracer à ses filles le plan de vie qu'elles
doivent mener;* ajoutons · pour porter dans de
lointaines contrées le double bienfait de la foi et
de l'instruction, de la vertu et de la science.

Habitants de Troyes, vous allez (et nous vous
en félicitons) vous allez élever sur une de vos
places une statue au grand pape qui, sorti de votre
ville, est allé régner à Rome, et qui, d'enfant de
chœur de votre cathédrale, est devenu le chef de
la catholicité. Vous allez élever une statue au glo-
rieux Pontif qui a échangé l'échoppe d'un pauvre

cordonnier en vieux pour le palais du Vatican, et auquel l'Église doit la plus pompeuse et la plus embaumée de ses fêtes, celle du Saint-Sacrement.

Mais nous vous en conjurons, ne laissez pas non plus sans gloire, dans son pays natal, cette femme étonnante[1] dont le nom est si grand à seize ou dix-huit cents lieues de chez vous, et qui fait là tant d'honneur au pays qui l'a vue naître ; ne laissez pas sans gloire, dans son pays natal, cette *sœur du Saint-Sacrement* qui est devenue *l'un des principaux ornements* de sa patrie adoptive[2].

C'est à la glorifier, parmi ses concitoyens, qu'est consacrée cette brochure. C'est pour cette belle fin que nous l'avons composée. Nous ne sommes pas auteur ; nous ne sommes que copiste et abréviateur. Nous n'avons fait qu'extraire d'un ouvrage en deux volumes, formant en tout mille quarante pages in-8°, ce que nous avons rapporté dans ce mince opuscule, destiné seulement à la ville de Troyes et au département. Puisse-t-il y faire quelque bien ! Puisse-t-il y porter partout dans les maisons d'éducation, dans les familles, dans les salons, dans les ateliers et surtout dans les fabriques, si nombreuses à Troyes, l'amour de la

---

1 Qualification donnée à la sœur Bourgeoys par M. Roux, sulpicien, supérieur du séminaire de Villemarie et éditeur de *la Vie de la sœur Bourgeoys*, par M. Montgolfier. — Avis de l'éditeur.

2 Ibid.

vertu et l'admiration pour l'illustre et sainte Troyenne dont le nom est, en Amérique, béni par tant de bouches, aimé par tant de cœurs !

Méry-sur-Seine, jour de Sainte Thérèse, 15 octobre 1864.

Troyes. — Typographie de J. Brunard.

TABLE

DES MATIÈRES

TABLE

DES MATIÈRES

Petit Préambule...................................   I

Éloge historique de la sœur Marguerite Bourgeoys..   1

Notice sur Mlle Jeanne Le Ber.................... 127

Notice sur la sœur Marie Barbier................. 153

État de la Congrégation depuis la sœur Barbier
jusqu'à nos jours................................. 173

Troyes, typographie de J. Brunard.

www.ingramcontent.com/pod-product-compliance
Lightning Source LLC
Chambersburg PA
CBHW071943090426
42740CB00011B/1804